우리말 법화경 사경

도서출판
좋은인연

우리말 법화경 사경 제5권

姚秦三藏法師鳩摩羅什奉詔譯
(요진삼장법사구마라집봉조역)

제14 안락행품 12

제15 종지용출품 65

제16 여래수량품 110

제17 분별공덕품 144

우리말 법화경 사경노트를 내면서

　법화경은 교상판석의 분류를 통해 보면 그 교리적 위치를 확연히 알 수 있습니다. 사실 교상판석을 통해 보지 않더라도 우리 불자들에게 널리 읽히는 것만 보더라도 얼마나 중요하고 대단한 경인지 알 수 있습니다.
　법화경이 이렇게 중요한 것은 법화경에 부처님의 대단한 메시지가 들어있기 때문입니다.

　그렇다면 어떤 메시지가 있는가?
　첫째, 삶의 자신감을 가져다줍니다.
　법화경에는 많은 수기 이야기가 나옵니다. 심지어 여러 방법으로 부처님을 해하려고 했던 제바달다에게조차 부처님께서는 '과거 인연공덕으로 너도 후일 부처가 될 것이다' 라고 말씀하십니다. 그래서 법화경은 우리에게 희망의 메시지를 주는 경인 것입니다.

　둘째, 이 법화경은 공간에서의 평화를 제공합니다.
　법화경은 통일원리, 개권현실경이기 때문에 이 경전을 통하면 가정이든 사회든 사람 사는 어느 곳이든지 모두 평화를 주는 그런 힘을 가진 경입니다.

셋째, 영원한 생명력을 깨닫게 해줍니다.
영원한 생명력이신 부처님의 그 영원한 법신, 본래 부처님 본불(本佛) 사상이 다 드러나 있기 때문에 우리에게 영원한 생명력이 무엇인지 그것을 깨닫게 해줍니다.

넷째, 제 25품 관세음보살보문품과 같이 부처님의 불가사의한 힘을 우리에게 나타내면서 바라는 바를 성취시켜줍니다.
다시 요약하여 말씀드리면 이 법화경의 힘, 법화경이 가지고 있는 그 공덕, 법화경이 담고 있는 메시지의 힘은 네 가지입니다.

첫째, 삶의 자신감을 준다.
둘째, 공간에서의 평화를 제공해 준다.
셋째, 영원한 생명력을 깨닫게 해준다.
넷째, 바라는 바를 성취시켜 준다.

영국의 유명한 역사학자 아놀드 토인비가 1975년 마지막 강의를 하면서 다음과 같은 질문을 받았습니다.
"20세기 가장 큰 사건이 무엇이라고 생각하십니까?"
아놀드 토인비가 말했습니다.
"동양의 불교가 서양에 전래된 것입니다. 세계 평화를 가져다 줄 종교는 불교밖에 없기 때문입니다."

그만큼 불교가 유럽에 소개된 것은 큰 사건이었습니다. 그리고 토인비가 말했습니다.

"제가 여러분께 권하는 10가지 책이 있습니다. 그 중에서 불교경전인 『법화경』을 꼭 읽어보시기 바랍니다."

법화경은 토인비의 말대로 평화의 메시지, 평화의 힘이 있는 경전입니다. 우리는 모두 평화를 갈구하며 살고 있지 않습니까? 가정에서나 사회에서나 인간관계에 있어서 평화만큼 좋은 것이 없습니다. 바로 이 법화경에 그 평화의 메시지가 깃들어 있다는 말입니다. 공부하시다보면 왜 그러한지 알게 되실 것입니다.

그래서 옛사람들은 '용을 그리고도 용의 눈을 그리지 못하면 용을 그리지 못한 것처럼 많은 불교경전을 공부하였어도 법화경을 공부하지 않았다면 불교공부를 다하지 못한 것과 같다'라고 말하였습니다. 즉, 모든 불교경전의 결론을 내는 공부가 바로 법화경입니다. 그만큼 중요한 경전을 우리가 현재 만나고 있는 것입니다.

無一 우학 스님의 〈법화경〉 강의 중에서
- 도서출판 좋은인연 편집부 -

사경의 의의

　사경이란 경전 말씀을 따라 쓰거나 옮겨 쓴다는 뜻으로 기도 수행의 한 방편입니다. 사경은 스스로 그 마음을 맑혀가는 거룩한 자기 불사(佛事)입니다. 이렇게 사경한 종이는 탑 등에 봉안되는데 불국사 석가탑에 모셔져 있다가 얼마전 세간에 알려진 무구정광 대다라니가 그 대표적 예입니다.

사경의 공덕

　깨끗하고 맑은 마음으로 부처님의 원음(圓音)을 옮겨쓰는 불자는 이미 윤회의 고통을 벗어나 있습니다. 정성다해 사경하는 이에게는 불보살님의 가피와 위신력이 있어 일체 모든 장애는 사라지고 기쁨이 늘 충만한 삶이 전개될 것입니다.

— 사경의 공덕이 탑을 조성하는 것보다 수승하다(도행반야경 탑품).
— 만약 어떤 사람이 경전을 사경, 수지, 해설하면 대원을 성취한다(법화경 법사공덕품).
— 무수한 세월 동안 물질로 보시한 공덕보다 경전을 사경, 수지, 독송하여 다른 이를 위해 해설한 공덕이 수승하다(금강경 지경공덕분).

사경 순서

1. 몸을 청정히 한다.
2. 부처님 사진 등을 모시고 향을 피운다.
3. 예불을 올린다.
4. 사경 발원문을 독송한다.
5. 정성껏 사경에 들어간다.
6. 사경 회향문을 읽고 부처님 전에 삼배한다.

사경발원문

사경제자   합장

사경시작   년   월   일

인생이 정말 보람 있으려면 늘 설렘으로 새아침을 맞고, 만나는 사람마다 또한 설렘으로 맞아야 합니다. 마치 깜깜한 밤길에 등불을 만나는 설렘, 그런 설렘 만큼만 된다면 살맛나는 인생이라 할 수 있겠지요.

　그런데 기도를 해보면 그런 설렘이 연속됩니다. 돈이 많고 적고를 떠나서 기도하는 자체가 삶에 대단한 활력을 주고 매순간순간을 설렘으로 살 수 있도록 해 줍니다.

　기도에는 그런 힘이 있습니다.

　기도에는 그런 에너지가 있습니다.

　　　　　無一 우학 스님의
　　　　　〈법문 속의 명구〉 중에서

제 십사 안락행품

  그때 문수사리 법왕자 보살마하살이 부처님께 아뢰었다.
  "세존이시여! 이런 보살들은 매우 드물게 있습니다. 부처님을 공경하고 따르는 까닭에 단단히 맹세하고 발원하여 훗날 악한 세상에서 이 법화경을 잘 지니며 읽고 설하려는 것입니다. 세존이시여! 보살마하살들이 훗날 악한 세

第十四 安樂行品

爾時 文殊師利法王子菩薩摩訶薩 白佛言 世尊 是諸菩薩 甚爲難有 敬順佛故 發 大誓願 於後惡世 護持讀說 是法華經 世尊 菩薩摩訶薩 於後惡世

상에서 어떻게 이 경을 설해야 되겠습니까?"

부처님께서 문수사리에게 말씀하셨다.

"만약 보살마하살이 훗날 악한 세상에서 이 경을 설하려면, 마땅히 네 가지의 법에 편안히 머물러야 하느니라.

첫째는 보살이 행하여야 할 바와 가까이 하여야 할 바에 편안히 머물러서 중생을 위하여 이 경을

云何能說是經 佛告文殊師利 若 菩薩摩訶薩 於後惡世 欲說是經 當 安住四法 一者 安住菩薩行處 及親近處 能爲衆生 演說是經

설하여야 하느니라.

　문수사리야! 무엇을 보살마하살이 행하여야 할 바라고 이름하는가 하면, 보살마하살은 욕된 것을 참는 경지에 머물러서 부드럽고 온화하며, 착하고 순하여서 성급하거나 포악하지 않으며, 또 법에 대하여도 행하는 바가 없이 온갖 법의 형상을 있는 그대로 관 하되, 역시 행함과 분별이 없어야 이것을 이름하여 보살마하살이 행

文殊師利 云何名 菩薩摩訶薩 行處 若 菩薩摩訶薩 住忍辱地 柔和善順 而不卒暴 心亦不驚 又復於法 無所行 而觀諸法如實相 亦不行 不分別 是名菩薩摩訶薩

하여야 할 바라 하느니라.

　무엇을 이름하여 보살마하살이 가까이 하여야 할 바라 하는가 하면, 보살마하살은 국왕이나 왕자나 대신이나 관원들을 가까이 하지 말아야 하며, 외도인 범지와 니건자들은 물론 세속의 글을 짓거나 쓰며, 외도의 책을 찬탄하며 읊조리는 자와 로가야타와 역로가야타들을 가까이 하지 말아야 하며, 또 흉한 놀이와 서로 치고 당

行處 云何名 菩薩摩訶薩 親近處 菩薩摩訶薩 不親近國王王子 大臣官長 不親近諸 外道梵志 尼犍子等 及造世俗文筆 讚詠外書 及 路伽耶陀 逆路伽耶陀者 亦不親近 諸有兇戲 相扠相撲

기는 것을 하는 사람과 가지가지 변덕스러운 짓을 하는 배우들을 가까이 하지 말아야하며, 전다라와 돼지, 양, 닭, 개 등을 기르는 이와 사냥을 하거나 물고기를 잡는 등의 거친 일을 하는 사람을 가까이 하지 말아야 하며, 이와 같은 사람들이 혹시 오더라도 바로 설법을 해 주되 기대하거나 바라지는 말아야 하느니라.

또 성문을 구하는 비구, 비구

及 那羅等 種種變現之戲 又不親近旃陀羅 及畜猪羊鷄狗 畋獵漁捕 諸惡律儀 如是人等 或時來者 則爲說法 無所希望 又不親 近求聲聞 比丘比丘尼

니, 우바새, 우바이를 가까이 하거나 문안하지도 말아야 하며, 방에서나 가볍게 거닐고 있는 곳에서나 강당에 있게 되더라도 함께 지내지 말고, 혹시 찾아오면 수의 설법을 하되 무엇을 바라거나 구하지는 말아야 하느니라.

　문수사리야, 또 보살마하살은 당연히 여인의 몸에 욕망을 내는 모습으로 법을 설하지 말아야 하며, 보는 것도 좋아하지 말아야 하

優婆塞 優婆夷 亦不問訊 若於房中 若經行處 若在講堂中 不共住止 或時來者 隨宜說法 無所希求 文殊師利 又菩薩摩訶薩 不應於女人身 取 能生欲想相 而爲說法 亦不樂見

며, 만약 남의 집에 들어가게 되더라도 소녀나 처녀나 과부들과는 함께 말하지 말아야 하며, 또 오종불남인 사람과도 가까이 하거나 깊이 친하지 말아야 하며, 혼자서는 남의 집에 들어가지 말아야 하며, 만약 인연이 있어서 혼자서라도 들어가게 되면 오직 일념으로 부처님만 생각해야 하느니라.

만일 여인을 위해 설법을 하게 되면, 이를 드러내며 웃지 말고 가

若入他家 不與小女處女寡女等 共語 亦復不近 五種不男之人 以爲親厚 不獨入他家 若有因緣 須獨入時 但一心念佛 若爲女人說法 不露齒笑

슴을 드러내지 말아야 하느니라. 법을 위해서라도 친하지 말아야 하는데 다른 일이야 말할 것이 있겠느냐?

나이 어린 제자나 사미나 어린 아이 기르기를 좋아하지 말고, 또 같은 스승을 함께 섬기기를 즐겨 하지 말고, 항상 좌선을 좋아하고 한적한 곳에서 그 마음을 닦고 거두어야 하느니라. 문수사리야! 이것을 첫째로 가까이 하여야 할 바

不現胸臆 乃至爲法 猶不親厚 況復餘事 不樂畜年少弟子 沙彌小兒 亦不樂與同師 常好坐禪 在於閑處 修攝其心 文殊師利 是名初親近處

라 이름하느니라.

 또 보살마하살은 일체의 법은 공하여 있는 그대로의 모습이며, 뒤바뀌지도 않고, 움직이지도 않으며, 물러나지도 않고, 옮겨지지도 않으며, 마치 허공과 같아서 성품이 있는 것이 아니며, 일체의 언어로써도 말할 수 없으며, 생기지도 않고, 나오지도 않고, 일어나지도 않으며, 이름도 없고, 모양도 없으며, 실로 있는 것도 아니어

復次菩薩摩訶薩觀 一切法空如實相 不顚倒 不動不退 不轉 如虛空 無所有性 一切語言道斷 不生 不出 不起 無名無相 實無所有

서, 한량없고, 가없으며 걸림도 없고 막힘도 없음을 관하여야 하느니라. 다만 인연으로 있게 되며 뒤바뀐 생각을 따라서 생겨나는 것이니라.

그러므로 말하는데 항상 이러한 법의 모양을 관하기를 좋아하면, 이것을 보살마하살이 둘째로 가까이하여야 할 바라 이름하느니라."

세존께서 이 뜻을 거듭 펴시려

無量無邊 無礙無障 但以因緣有 從 顚倒生故 說 常樂
觀 如是法相 是名菩薩摩訶薩 第二親近處
爾時世尊 欲重宣此義 而說偈言

고 게송으로 말씀하셨다.

　만일 어떤 보살이 훗날 악한 세상에서 두려울 것이 없는 마음으로 이 경을 설하려 하면, 당연히 행하여야 할 바와 가까이 하여야 할 바에 들어야 하느니라.
　항상 국왕이나 왕자나 대신이나 관원이나 흉악하고 위험한 놀이를 하는 자나 전다라나 외도인 범지를 멀리하여야 하며, 또 교만

若有菩薩　於後惡世　無怖畏心　欲說是經
應入行處　及親近處　常離國王　及國王子
大臣官長　兇險戱者　及旃陀羅　外道梵志
亦不親近

한 자들이나 소승에 집착하여 삼장을 배우는 자들을 가까이하지 말아야 하며, 파계를 한 비구와 이름뿐인 아라한과 놀기와 웃기를 좋아하는 비구니와 오욕에 깊이 빠져 있으면서 현세에서 열반을 구하는 우바이들을 모두다 가까이하지 말아야 하느니라. 만약 이런 사람들이 좋은 마음으로 보살이 있는 곳으로 와서 불도를 들으려 하면 두려울 것이 없는 마음으

破戒比丘
深著五欲
若是人等
菩薩則以

三藏學者
好戲笑者
皆勿親近
爲聞佛道

貪著小乘
及比丘尼
諸優婆夷
到菩薩所

增上慢人
名字羅漢
求現滅度
以好心來
無所畏心

로 무엇을 바라지 말고 설법하여
야 하느니라.

　괴부나 처녀나 오종 불남인 사
람들은 모두다 가까이 하거나 깊
이 친하지 말아야 하며, 또 백정이
나 망나니를 가까이 하지 말아야
하고, 사냥을 하거나 고기를 잡거
나, 이익을 위하여 죽이거나, 고
기를 팔아 생활하거나 여색을 파
는, 이런 사람들을 모두다 가까이
하지 말아야 하느니라. 흉악하고

不懷希望	而爲說法	寡女處女	及諸不男
皆勿親近	以爲親厚	亦莫親近	屠兒魁膾
畋獵漁捕	爲利殺害	販肉自活	衒賣女色
如是之人	皆勿親近		

험상궂게 치고 받는 자와 가지가지로 놀이하는 자와 음탕한 여인들을 모두다 가까이 하지 말고, 혼자서는 으슥한 곳에서 여자를 위하여 설법하지 말고, 만약 설법을 하게 되면 희롱하거나 웃지를 말아야 하느니라.

마을에 들어가서 걸식을 할 때에도 다른 비구와 동행을 하고, 만약 비구가 없을 때에는 일심으로 부처님을 생각하여야 하느니라.

兇險相撲　種種嬉戲　諸淫女等　盡勿親近
莫獨屛處　爲女說法　若說法時　無得戲笑
入里乞食　將一比丘　若無比丘　一心念佛

이것이 곧 행하여야 할 바와 가까이하여야 할 바이니 이 두 가지로써 편안하고 즐겁게 설할 수 있느니라. 또 상·중·하의 법과 유위법과 무위법과 진실한 가르침과 진실하지 않는 가르침을 행하지 말고, 또 '이것은 남자고 이것은 여자다.'라고 분별하지 말고, 모든 법을 얻었다 하지 말고, 안다거나 보았다고도 하지 말아야 하느니라. 이것을 이름하여 보살이 행

是則名爲	行處近處	以此二處	能安樂說
又復不行	上中下法	有爲無爲	實不實法
亦不分別	是男是女	不得諸法	不知不見
是則名爲	菩薩行處		

하여야 할 바라 하느니라.

  일체의 법은 공하여 항상 있는 것이 아니므로 항상 머물러 있는 것도 없고, 또 생기거나 없어지는 것도 없느니라. 이것이 지혜 있는 사람이 가까이 하여야 할 바이니라. 뒤바뀐 생각으로 분별하여 모든 법이 있다 없다, 진실이다 아니다, 나는 것이다 나는 것이 아니다 하지만 한적한 곳에 지내면서 그 마음을 닦고 거두어서 편안히 머

一切諸法　空無所有　無有常住　亦無起滅
是名智者　所親近處　顚倒分別　諸法有無
是實非實　是生非生　在於閑處　修攝其心

무르며 수미산같이 움직이지 말아야 하느니라.

　일체의 법은 모두다 있는 것이 아니라 허공처럼 견고하지 않으며, 생기지도 않고 나오지도 않으며, 움직이지도 않고 물러나지도 않으며, 항상 한 모양으로 머무르고 있음을 관 하면, 이것을 이름하여 가까이하여야 할 바라 하느니라. 만약 어떤 비구가 내가 열반한 후에 이렇게 행하여야 할 바와 가

安住不動	如須彌山	觀一切法	皆無所有
猶如虛空	無有堅固	不生不出	不動不退
常住一相	是名近處	若有比丘	於我滅後
入是行處			

까이하여야 할 바에 대해 듣고서 이 경을 설하게 되면, 겁이 나거나 약해지는 일이 없을 것이니라.

보살이 고요한 방에 들어가서 올바른 생각으로 기억하고 뜻을 따라 법을 보고, 선정으로부터 일어나 국왕과 왕자와 신하와 백성과 바라문들을 위하여 이 경전을 설하여 교화하며 널리 편다면, 그 마음이 편안하여 겁이 나거나 약해지는 일이 없으리라. 문수사리

及親近處	說斯經時	無有怯弱	菩薩有時
入於靜室	以正憶念	隨義觀法	從禪定起
爲諸國王	王子臣民	婆羅門等	開化演暢
說斯經典	其心安隱	無有怯弱	文殊師利

야! 이것을 이름하여 보살이 첫 번째 법에 편안히 머무르며 후세에 법화경을 설할 수 있는 것이라 하느니라.

"또 문수사리야! 여래가 열반한 후 말법의 세상에서 이 경을 설하고자 하면, 마땅히 안락한 행에 머물러야 하느니라. 입으로 연설할 때나 경을 읽을 때에 다른 사람이나 경전의 허물을 말하기를 좋

是名菩薩　　安住初法　　能於後世　　說法華經
又 文殊師利 如來滅後 於 末法中 欲說是經 應住安樂行 若口宣說 若讀經時 不樂說人及 經典過 亦不輕慢 諸餘法師 不說他人 好惡長短

아하지 말고, 다른 법사들을 가벼이 여기거나 업신여기지 말며, 다른 사람의 좋고 나쁨과 장단점을 말하지 말아라. 성문에 대하여도 그 이름을 거론하며 그의 허물과 나쁜 점을 말하지 말고, 또 이름을 거론하며 그의 좋은 점을 칭찬하지도 말고 원망하거나 싫어하는 마음도 내지 말아라.

　이와 같이 안락하게 마음을 잘 닦음으로써 듣는 사람들이 모두

於 聲聞人 亦不稱名 說其過惡 亦不稱名 讚歎其美 又亦不生 怨嫌之心 善修如是 安樂心故 諸有聽者

그의 뜻을 거스르지 않으니, 어려운 질문이 있어도 소승법으로 답하지 말고 오직 대승으로 해설하여 일체 종지를 얻게끔 하여라."
　세존께서 이 뜻을 거듭 펴시려고 게송으로 말씀하셨다.

　보살은 항상 즐겁고 편안하게 법을 설해야 하느니라. 맑고 깨끗한 땅 위에 자리를 펴고 기름을 몸에 발라 먼지와 때를 씻고, 깨끗한

不逆其意 有所難問 不以小乘法 答 但以大乘 而爲解說
令得一切種智 爾時世尊 欲重宣此義 而說偈言

菩薩常樂　　安隱說法　　於淸淨地　　而施床座
以油塗身　　澡浴塵穢

새 옷을 입고 안팎을 모두 깨끗이 하고 법좌에 편안히 앉아 물음에 따라 설하여라.

만약 비구와 비구니와 우바새와 우바이와 국왕과 왕자와 군신들과 백성들이 있으면 미묘한 뜻을 온화한 얼굴로 설할 것이며, 어려운 질문이 있더라도 뜻을 따라 대답하되 인연과 비유로써 자세히 구분하여 설하여라.

이와 같은 방편으로 모두다 발

著新淨衣　內外俱淨　安處法座　隨問爲說
若有比丘　及比丘尼　諸優婆塞　及優婆夷
國王王子　群臣士民　以微妙義　和顏爲說
若有難問　隨義而答　因緣譬喩　敷演分別
以是方便

심하게 하고 점점 더 이익 되게 하
여 불도에 들게 하고, 게으른 마음
과 태만한 생각을 버리고 모든 근
심과 걱정을 떠나 자비로운 마음
으로 법을 설하여라. 밤낮으로 항
상 위없는 도의 가르침을 설하며,
온갖 인연과 한량없는 비유로 중
생들을 가르쳐 모두다 기쁘게 하
되, 의복이나 눕거나 쉴 때 쓰이는
물건이나 음식이나 의약들은 아
무것도 바라지 말고, 오직 한결같

皆使發心　　漸漸增益　　入於佛道　　除嬾惰意
及懈怠想　　離諸憂惱　　慈心說法　　晝夜常說
無上道教　　以諸因緣　　無量譬喻　　開示衆生
咸令歡喜　　衣服臥具　　飲食醫藥　　而於其中

은 마음으로 생각하기를 법을 설한 인연으로 불도를 이루며 중생들도 역시 그렇게 되길 원하여라. 이것이 곧 큰 이익이 있는 편안하고 즐거운 공양이니라.

내가 열반한 후에 만약 어떤 비구가 이 묘법연화경을 잘 설하면 마음에 질투와 성냄과 온갖 번거로운 장애가 없을 것이며, 또 근심과 슬픔과 욕하는 자가 없을 것이며, 겁나고 두려운 것이나 칼이

無所希望	但一心念	說法因緣	願成佛道
令衆亦爾	是則大利	安樂供養	我滅度後
若有比丘	能演說斯	妙法華經	心無嫉恚
諸惱障礙	亦無憂愁	及罵詈者	又無怖畏

나 몽둥이로 맞는 것이 없을 것이며, 쫓겨 나는 일도 없나니, 인욕에 편안히 머무르기 때문이다.

지혜 있는 사람이 이와 같이 그 마음을 잘 닦아 내가 미리 말한 바와 같이 안락하게 머무르면, 그 사람의 공덕은 천만억 겁을 두고 헤아리거나 비유하여도 다 말할 수 없느니라.

"또 문수사리야, 보살마하살이

加刀杖等　　亦無擯出　　安住忍故　　智者如是
善修其心　　能住安樂　　如我上說　　其人功德
千萬億劫　　算數譬喩　　說不能盡

又 文殊師利 菩薩摩訶薩 於後末世 法欲滅時 受持讀誦

훗날 말세에서 법이 없어지려 할 때에 이 경전을 받아 지니고 읽고 외우는 자에게 질투하거나 아첨하여 속이는 마음을 내지 말고, 또 불도를 배우는 자를 가벼이 여기거나 욕하지 말고, 그의 장단점을 찾아내지 말아라.

만약 비구와 비구니와 우바새와 우바이로서 성문을 구하는 사람, 벽지불을 구하는 사람, 보살도를 구하는 사람들을 괴롭게 하

斯經典者 無懷嫉妬 諂誑之心 亦勿輕罵 學佛道者 求其長短 若 比丘比丘尼 優婆塞 優婆夷 求聲聞者 求 辟支佛者 求 菩薩道者 無得惱之

지 말아야 하느니라. 그들이 의심하거나 후회하도록 하기 위하여 '너희가 도로 가기엔 매우 멀리 있으니 아무리 하더라도 일체 종지를 얻을 수가 없을 것이다. 왜냐하면 너희는, 너희 마음대로 하는 사람이며 도에 대하여 게으르기 때문이니라.'고 하지 말아야 하느니라.

또 모든 법을 쓸데없이 논의하여 다투는 일이 없도록 하여야 하

令其疑悔 語其人言 汝等 去道甚遠 終不能得 一切種智 所以者何 汝是放逸之人 於道 懈怠故 又亦不應 戲論諸法 有所諍競

며, 마땅히 모든 중생에게 자비로운 생각을 크게 내어야 하며, 모든 여래에 대하여 아버지라는 생각을 내어야 하며, 모든 보살에게 큰 스승이라는 생각을 내어야 하느니라.

시방의 큰 보살들을 항상 마음 깊이 공경하고 예배하여야 하며, 일체의 중생에게 평등하게 설법하되, 법에 순응하여 많이도 하지 말고 적게도 하지 말아야 하며, 법

當於一切衆生 起 大悲想 於諸如來 起 慈父想 於諸菩薩 起 大師想 於 十方諸大菩薩 常應深心 恭敬禮拜 於一切衆生 平等說法 以 順法故 不多不少

을 깊이 사랑하는 사람에게라도 많이는 설하지 말아야 하느니라.

　문수사리야, 이런 보살마하살로서 훗날 말세에서 법이 없어지려 할 때 이 셋째의 안락행을 이룬 사람이 있으면, 이 법을 설할 때에 괴롭거나 어지러운 것이 없으며, 같이 배우는 이를 잘 만나 같이 이 경을 읽고 외우게 될 것이며, 또 많은 대중이 와서 들을 것이며, 듣고선 받아 지니고, 지니고선 외우

乃至深愛法者 亦不爲多說 文殊師利 是 菩薩摩訶薩 於後末世法欲滅時 有 成就是 第三安樂行者 說是法時 無能惱亂 得好同學 共讀誦是經 亦得大衆 而來聽受 聽已能持 持已能誦

고, 외우고선 설하고, 설하고는 자기가 쓰거나 남을 시켜 쓰게 하며, 경전을 공양하고 공경하며 존중하고 찬탄하리라."

세존께서 이 뜻을 거듭 펴시려고 게송으로 말씀하셨다.

만약 이 경을 설하려 하면, 마땅히 질투하거나 성내거나, 교만하거나 아첨하거나, 속이거나 거짓된 마음을 버리고, 항상 바탕이

誦已能說 說已能書 若使人書 供養經卷 恭敬尊重讚歎
爾時世尊 欲重宣此義 而說偈言

若欲說是經　　當捨嫉恚慢　　諂誑邪僞心

곧은 행을 닦아야 하며, 다른 사람을 가벼이 여겨 업신여기지 말고, 법을 쓸데없이 논하지 말고, 다른 사람으로 하여금 의심을 품게 하거나 후회하도록 하기 위하여, 너는 성불하지 못한다고 말하지 말아라.

　불자가 설법을 할 때는 항상 부드럽고 온화하여 잘 참으며, 일체에게 자비로우며 게으른 마음을 내지 말아야 하느니라. 시방의 큰

常修質直行　不輕蔑於人　亦不戲論法
不令他疑悔　云汝不得佛　是佛子說法
常柔和能忍　慈悲於一切　不生懈怠心

보살들은 중생을 가엾게 여기며 도를 행하니, 당연히 공경하는 마음을 내어 이 사람은 곧 나의 큰 스승이라고 생각하고, 모든 부처님 세존들께는 위도 없는 아버지라는 생각을 내어 교만한 마음을 깨뜨리고, 막힘이나 걸림이 없이 설법을 하여야 하느니라.

　셋째의 법이 이와 같으니 지혜 있는 사람이 잘 수호하여 일심으로 안락하게 행하면, 한량없는 중

十方大菩薩　愍衆故行道　應生恭敬心
是則我大師　於諸佛世尊　生無上父想
破於憍慢心　說法無障礙　第三法如是
智者應守護　一心安樂行　無量衆所敬

생의 공경을 받으리라.

"또 문수사리야, 보살마하살이 훗날 말세에서 법이 없어지려 할 때 이 법화경을 받아 지니는 자는 출가인과 재가인 모두에게 대자비의 마음을 낼지니라. 보살이 아닌 사람에게도 대자비의 마음을 내어, '이 사람들은 크게 잃는 것이 되어, 여래께서 방편으로 능력과 정도에 따라 설법하시는 것을

又 文殊師利 菩薩摩訶薩 於後末世 法欲滅時 有持是法華經者 於 在家出家人中 生 大慈心 於 非菩薩人中 生 大悲心 應作是念 如是之人 則爲大失 如來方便 隨宜說法

듣지도 못하고 알지도 못하며, 깨닫지도 못하고 묻지도 않으며 믿지도 않으며 이해하지도 못하는구나. 이 사람들이 비록 이 경을 묻지 않고 믿지 않으며 이해하지 못하더라도, 내가 아뇩다라삼먁삼보리를 얻으면 어느 곳이든 따라가서 신통력과 지혜의 힘으로 인도하여 이 법 가운데 머무르게 하리라.'고 생각하여라.

　문수사리야! 이런 보살마하살

不聞不知 不覺不問 不信不解 其人 雖 不問不信 不解是經 我得阿耨多羅三藐三菩提時 隨在何地 以 神通力 智慧力 引之 令得住是法中 文殊師利 是 菩薩摩訶薩

로서 여래께서 열반한 후, 이 넷째의 가르침을 성취한 자가 이 법을 설할 때에는 허물이 없을 것이며, 항상 비구와 비구니와 우바새와 우바이와 국왕과 왕자와 대신과 백성과 바라문과 거사들이 공양하며 공경하고 존중하고 찬탄할 것이며, 허공중의 하늘 사람들도 법을 들으려고 항상 따라다니며 모실 것이니라. 만일 시골이나 도시나 한적한 숲 속에 있을 때, 어

於 如來滅後 有 成就此 第四法者 說 是法時 無有過失
常爲比丘 比丘尼 優婆塞 優婆夷 國王王子 大臣人民
婆羅門 居士等 供養恭敬 尊重讚歎 虛空諸天 爲聽法故
亦常隨侍 若在聚落城邑 空閑林中

떤 사람이 와서 어려운 질문을 하더라도, 천인들이 밤낮으로 항상 법을 위해 보호하고 도우므로 듣는 사람들을 모두다 기쁘게 할 것이니라. 왜냐하면 이 경은 일체의 과거, 미래, 현재의 부처님들이 신통력으로 지켜 주고 보호하시는 까닭이니라.

문수사리야! 이 법화경은 한량없는 나라들 중에서 이름자만이라도 듣기가 어려운데, 하물며 보

有人 來欲難問者 諸天 晝夜 常爲法故 而衛護之 能令聽者 皆得歡喜 所以者何 此經 是 一切過去未來現在諸佛 神力所護故 文殊師利 是法華經 於 無量國中 乃至 名字 不可得聞

고 받아들여 지니고 읽고 외우는 것이야 말할 것이 있겠느냐!

문수사리야! 비유하면 힘이 센 전륜성왕이 위엄과 세력으로 여러 나라를 항복시키려 하지만, 작은 나라의 왕들이 그의 명령을 따르지 않으면 온갖 군사를 일으켜 토벌을 하는데, 군사들 가운데 싸움에 공이 있는 자를 보면 크게 기뻐하며 공에 따라 상을 내리기를, 논이나 집이나 마을이나 성을 주

何況得見 受持讀誦 文殊師利 譬如強力 轉輪聖王 欲以威勢 降伏諸國 而諸小王 不順其命 時 轉輪王 起種種兵 而往討伐 王見兵衆 戰有功者 卽大歡喜 隨功賞賜 或與田宅 聚落城邑

기도 하고, 옷이나 장신구를 주기도 하며, 가지가지 보배인 금·은·유리·자거·마노·산호·호박과 코끼리와 말과 수레와 노비와 백성을 주기도 하는데, 오직 상투 가운데의 밝은 구슬만은 주지 않는것과 같으니라.

왜냐하면 왕의 머리 위에만 이 구슬이 하나 있을 뿐이므로, 이것을 주게 되면 권속들이 크게 놀라고 괴이하게 여기기 때문이니라.

或與衣服 嚴身之具 或與種種珍寶 金銀 瑠璃 硨磲 瑪瑙 珊瑚 琥珀 象馬 車乘 奴婢人民 唯 髻中明珠 不以與之 所以者何 獨王頂上 有此一珠 若以與之 王諸眷屬 必大驚怪

문수사리야! 여래도 이와 같아서, 선정과 지혜의 힘으로 법의 국토를 얻은 삼계의 왕이므로 마왕들이 따르지 않고 항복하지 않으면 현명하고 거룩한 장수들과 함께 싸우느니라. 그래서 공이 있는 자가 있으면 매우 기뻐 사부대중 가운데서 모든 경을 설하여 그들의 마음을 기쁘게 하며, 선정과 해탈과 무루의 근과 력 등의 법의 재물을 내리며, 또 열반이란 성을 주

文殊師利 如來 亦復如是 以禪定智慧力 得法國土 王於三界 而諸魔王 不肯順伏 如來 賢聖諸將 與之共戰 其有功者 心亦歡喜 於四衆中 爲說諸經 令其心悅 賜以禪定解脫 無漏根力 諸法之財 又復賜與 涅槃之城

며 열반을 얻었다는 말을 하여 그들의 마음을 인도하고 모두를 기쁘게 하지만, 이 법화경만은 설하지 않느니라.

문수사리야! 전륜성왕이 병사들 가운데 큰 공이 있는 자를 보면 매우 기뻐하며, 아무에게도 주지 않고 오랫동안 상투 속에 넣어 두었던 그 믿기 어려운 구슬을 그때서야 주는 것과 같이, 여래도 이와 같아 삼계의 대 법왕으로서 법으

言得滅度 引導其心 令皆歡喜 而不爲說 是 法華經 文殊師利 如 轉輪王 見諸兵衆 有 大功者 心甚歡喜 以此難信之珠 久在髻中 不妄與人 而今與之 如來 亦復如是 於 三界中 爲 大法王

로 일체의 중생을 교화하다가 현명하고 거룩한 군사들이 오음마와 번뇌마와 죽음의 악마와 함께 싸워 큰 공을 세우며 삼독을 없애고 삼계를 벗어나 마의 그물을 깨뜨리면, 여래도 크게 기뻐하며 이 법화경이 일체 중생으로 하여금 일체지에 이르게 하지만, 일체 세상에서 원망이 많고 믿지 아니하여 이제껏 설하지 않았던 것을 그때서야 설하는 것이니라.

以法敎化 一切衆生 見 賢聖軍 與 五陰魔 煩惱魔 死魔 共戰 有 大功勳 滅三毒 出三界 破魔網 爾時如來 亦大歡喜 此 法華經 能令衆生 至一切智 一切世間 多怨難信 先所未說 而今說之

문수사리야! 이 법화경은 모든 여래의 가장 훌륭한 말씀이고, 모든 말씀 가운데 가장 깊은 것이어서 가장 나중에 주는 것이니라. 저 힘센 왕이 밝은 구슬을 오랫동안 지니다가 나중에야 주는 것과 같으니라.

문수사리야! 이 법화경은 모든 부처님의 비밀스런 법장이며, 여러 경전 가운데서 가장 높은 것이므로, 오랫동안 수호하며 함부로

文殊師利 此 法華經 是諸如來 第一之說 於諸說中 最爲甚深 末後賜與 如彼强力之王 久護明珠 今乃與之 文殊師利 此 法華經 諸佛如來 秘密之藏 於諸經中 最在其上 長夜守護

설하지 않다가 오늘에서야 비로소 너희들에게 주는 것이며 설하는것이니라."

　세존께서 이 뜻을 거듭 펴시려고 게송으로 말씀하셨다.

　항상 인욕을 하고 일체를 불쌍히 여기며 부처님들께서 찬탄하신 경전을 설하여라.
　훗날 말세에서 이 경을 지니는 자는 집에 있는 사람이거나, 출가

不妄宣說 始於今日 乃與汝等 而敷演之
爾時世尊 欲重宣此義 而說偈言

常行忍辱　　哀愍一切　　乃能演說　　佛所讚經
後末世時　　持此經者

한 사람이거나 보살이 아닌 사람에게도 마땅히 자비심을 내어라. 이들이 이 경을 듣지 못하고 믿지 않으면 곧 크게 잃는 것이 되므로 '내가 성불하면 여러 가지 방편으로 이 법을 설하여 그 가운데 머무르게 하리라.' 하여라.

비유하면, 힘이 센 전륜성왕이 싸움에 공이 있는 병사에게 온갖 물건을 상으로 주는데 코끼리나 말이나 수레나 장신구를 주거나,

於家出家	及非菩薩	應生慈悲	斯等不聞
不信是經	則爲大失	我得佛道	以諸方便
爲說此法	令住其中	譬如强力	轉輪之王
兵戰有功	賞賜諸物	象馬車乘	嚴身之具

눈이나 집이나 마을이나 도시를 주거나, 혹은 옷이나 가지가지 보배와 노비나 재물을 기쁘게 상으로 주다가, 용감하고 굳세어서 어려운 일을 한 자가 있으면 왕이 상투 가운데를 풀어서 밝은 구슬을 상으로 주느니라.

여래도 그와 같아서 모든 법의 왕으로서 욕됨을 참는 큰 힘과 지혜의 보물 창고가 있으므로 대자대비한 마음으로 법대로 세상을

及諸田宅
奴婢財物
王解髻中
忍辱大力

聚落城邑
歡喜賜與
明珠賜之
智慧寶藏

或與衣服
如有勇健
如來亦爾
以大慈悲

種種珍寶
能爲難事
爲諸法王
如法化世

교화하는데, 일체의 사람이 온갖 고통과 괴로움에 시달리면서도 해탈을 구하려고 마군들과 싸우는 것을 보면 이런 중생을 위하여 가지가지 법을 설하고 큰 방편으로 이 모든 경을 설하여 중생들이 그 힘을 얻고 나면, 맨 나중에 이르러서야 이 법화경을 설하므로 왕이 상투를 풀어 밝은 구슬을 주는 것과 같으니라.

이 경은 존귀하며 많은 경들 중

見一切人　受諸苦惱　欲求解脫　與諸魔戰
爲是衆生　說種種法　以大方便　說此諸經
旣知衆生　得其力已　末後乃爲　說是法華
如王解髻　明珠與之　此經爲尊

에서 으뜸이라서 내가 항상 수호하고 함부로 열어 보이지 않았는데, 지금이 바로 그때이므로 너희를 위해 설하는 것이니라.

내가 열반한 후에 불도를 구하는 자가 편안하게 이 경을 설하고자 하면 마땅히 이러한 네 가지 법을 가까이 하여야 하느니라.

이 경을 읽는 사람은 항상 근심과 걱정이 없으며, 또 병이나 고통이 없으며, 안색이 깨끗하며 가난

衆經中上
爲汝等說
演說斯經
常無憂惱

我常守護
我滅度後
應當親近
又無病痛

不妄開示
求佛道者
如是四法
顏色鮮白

今正是時
欲得安隱
讀是經者

하거나 천하거나 더럽거나 못생기게 태어나지 않으며, 중생들이 보기 좋아하기를 어질고 거룩한 이를 흠모하듯이 하며, 하늘의 동자들이 시중을 들며, 칼이나 몽둥이로 치지 못하며, 독이라도 해칠 수 없으며, 만약 어떤 사람이 나쁘게 욕을 하면 입이 바로 막혀 버리고 두려움 없이 다니기를 사자왕처럼 하며 지혜의 광명이 해처럼 비치리라.

제십사 안락행품

不生貧窮　卑賤醜陋　衆生樂見　如慕賢聖
天諸童子　以爲給使　刀杖不加　毒不能害
若人惡罵　口則閉塞　遊行無畏　如師子王
智慧光明　如日之照

妙法蓮華經

꿈 속에서라도 오직 좋은 일들
만 보는데 여래들이 사자좌에 앉
으셔서 비구들에게 둘러싸이어
설법하시는 것을 보게 되느니라.
항하의 모래 수 같은 용과 신과 아
수라들이 공경하며 합장을 하였
는데 자신의 몸이 그들을 위해 설
법하는 것을 보게 되느니라. 몸의
모습이 금빛인 부처님들이 한량
없는 빛을 놓아 일체를 비추시며
맑은 음성으로 모든 법 설하시는

若於夢中　但見妙事　見諸如來　坐師子座
諸比丘衆　圍繞說法　又見龍神　阿修羅等
數如恒沙　恭敬合掌　自見其身　而爲說法
又見諸佛　身相金色　放無量光　照於一切

것을 보게 되며, 부처님께서 사부대중을 위하여 위없는 법을 설하시는데, 자신도 그 가운데서 합장하고 부처님을 찬탄하며, 법을 듣고 기뻐하며 공양을 하고, 다라니를 얻어서 물러나지 않는 지혜를 깨달으니 부처님께서 불도에 깊이 든 것을 아시고서 가장 바른 깨달음을 이루리라는 수기를 주시느니라.

'선남자야! 너는 미래 세상에

以梵音聲	演說諸法	佛爲四衆	說無上法
見身處中	合掌讚佛	聞法歡喜	而爲供養
得陀羅尼	證不退智	佛知其心	深入佛道
卽爲授記	成最正覺	汝善男子	當於來世

서 한량없는 지혜인 부처님의 큰 가르침을 얻을 것이며, 국토는 깨끗하고 넓고 크며 비교할 데가 없고, 사부대중이 합장하고 법을 듣고 있는 것을 보게 될 것이니라.'

또 자신이 숲 속에서 훌륭한 가르침을 닦고 익히며, 모든 법의 실제 모습을 깨닫고 깊은 선정에 들어 시방의 부처님들을 뵈오니 부처님들의 몸이 금빛이요, 백 가지의 복으로 장엄하셨는데, 법을 듣

得無量智　　佛之大道　　國土嚴淨　　廣大無比
亦有四衆　　合掌聽法　　又見自身　　在山林中
修習善法　　證諸實相　　深入禪定　　見十方佛
諸佛身金色　　百福相莊嚴　　聞法爲人說

고 다른 사람을 위해 설하는 이런 좋은 꿈을 언제나 꾸게 되리라.

또 꿈에 국왕이 되지만, 궁전과 권속과 더없이 좋은 오욕을 버리고 도량으로 나아가 보리수 아래 사자좌에 앉아 도를 구하는데, 칠일이 지나 부처님들의 지혜를 얻어 위없는 도를 이루고서 일어나 법륜을 굴리며 사부대중을 위하여 설법을 하는데 천만억 겁이 지나도록 무루의 훌륭한 법을 설하

常有是好夢	又夢作國王	捨宮殿眷屬
及上妙五欲	行詣於道場	在菩提樹下
而處師子座	求道過七日	得諸佛之智
成無上道已	起而轉法輪	爲四衆說法
經千萬億劫	說無漏妙法	度無量衆生

여 한량없는 중생을 제도하고 열반에 드니 등불이 꺼지고 연기가 사라지듯 하느니라.

만일 훗날 악한 세상에서 이 제일의 법을 설하면 이 사람은 먼저 말한 공덕처럼 큰 이익을 얻으리라.

제 십사 안락행품 끝

後當入涅槃　　如烟盡燈滅　　若後惡世中
說是第一法　　是人得大利　　如上諸功德

第十四 安樂行品 終

제 십오 종지용출품

 그때 다른 나라에서 온 팔항하의 모래 수보다 많은 보살마하살들이 대중 가운데서 일어나 합장 예배하며 부처님께 말씀드렸다.
 "세존이시여!
 만약에 저희들에게도 부처님께서 열반하신 후에 이 사바세계에서 부지런히 정진하며 이 경전을 잘 지니고 읽고 외우며 옮겨 쓰고

第十五 從地涌出品

爾時 他方國土 諸來菩薩摩訶薩 過 八恒河沙數 於 大衆中起 合掌作禮 而白佛言 世尊 若聽我等 於 佛滅後 在此娑婆世界 勤加精進 護持讀誦 書寫供養

공양하는 것을 허락하시면 이 땅에서 널리 설하겠습니다."

부처님께서 보살마하살들에게 말씀하셨다.

"그만 두어라, 선남자들아! 너희들까지 이 경을 수호하여 지닐 필요는 없느니라. 왜냐하면 나의 사바세계에는 육만 항하의 모래 수 같은 보살마하살이 있고, 보살들마다 육만 항하의 모래 수 같은 권속들이 있는데, 이런 사람들이

是經典者 當於此土 而 廣說之 爾時 佛告諸菩薩摩訶薩
衆 止 善男子 不須汝等 護持此經 所以者何 我 娑婆世
界 自有六萬恒河沙等 菩薩摩訶薩 一一菩薩 各有六萬
恒河沙眷屬 是諸人等

내가 열반한 후에 이 경을 수호하여 지니고 읽고 외우며 널리 설하기 때문이니라."

부처님께서 이런 말씀을 하실 때, 사바세계의 삼천대천세계 국토의 땅들이 모두 진동을 하며 갈라지더니, 그 속에서 한량없는 천만억 보살마하살이 한꺼번에 솟아 나왔다. 이 보살들은 몸이 모두 다 금색이고 삼십이상을 갖추었으며 한량없는 광명이 있었다. 이

能於我滅後 護持讀誦 廣說此經 佛說是時 娑婆世界 三千大千國土 地皆震裂 而於其中 有 無量千萬億 菩薩摩訶薩 同時涌出 是諸菩薩 身皆金色 三十二相 無量光明

보살들은 옛날부터 이 사바세계 아래의 허공중에 머물러 있었는데, 석가모니 부처님께서 설법하시는 음성을 듣고 아래에서 올라온 것이었다.

보살들마다 모두 대중들을 인도하는 우두머리로서 각각 육만 항하의 모래 수 같은 권속들을 거느리고 있었고, 적게는 오만, 사만, 삼만, 이만, 일만 항하의 모래 수 같은 권속들을 거느리고 있었

先盡在此 娑婆世界之下 此界虛空中 住 是諸菩薩 聞釋迦牟尼佛 所說音聲 從下發來 一一菩薩 皆是大衆 唱導之首 各將六萬恒河沙眷屬 況將五萬四萬 三萬二萬 一萬恒河沙等 眷屬者

다. 또한 항하의 모래 수 같거나, 반 항하의 모래 수 같거나, 사분의 일항하의 모래 수 같거나, 내지 천만억 나유타 분의 일 같은 권속을 거느린 보살도 있었다. 또 천만억 나유타의 권속과 억만 권속과 천만 백만에서 일 만에 이르기까지의 권속을 거느린 보살과 또 일천 일백에서 열 명에 이르기까지를 거느린 보살과 다섯, 넷, 셋, 둘, 한 제자를 거느린 보살도 있었다.

況復乃至 一恒河沙 半 恒河沙 四分之一 乃至千萬億 那由他分之一 況復千萬億 那由他眷屬 況復億萬眷屬 況復千萬百萬 乃至一萬 況復一千一百 乃至一十 況復將 五四三二一 弟子者

또 혼자서만 멀리 떨어져서 수행을 즐기는 이런 이들이 한량없고 가없어서 숫자나 비유로는 알 수가 없었다.

이 모든 보살들이 땅에서 솟아나와 다보여래와 석가모니 부처님께서 계시는 허공의 칠보탑으로 나아가서 두 부처님께 머리를 숙여 발에 예배하였다. 또 보리수 아래 사자좌에 계시는 부처님들 처소에 가서 그와 같이 모두에게

況復單己 樂遠離行 如是等比 無量無邊 算數譬喻 所不能知 是諸菩薩 從地出已 各詣虛空 七寶妙塔 多寶如來 釋迦牟尼佛所 到已 向 二世尊 頭面禮足 及至諸寶樹下 師子座上佛所 亦皆作禮

예배하고 오른쪽으로 세 번 돌고 합장 공경하며, 모든 보살들이 가지가지의 찬탄하는 법으로 찬탄하고 한쪽으로 물러나 기쁜 마음으로 두 세존을 우러러보았다. 이 보살마하살들이 처음 솟아 나온 때로부터 가지가지 찬탄하는 법으로 부처님을 찬탄하기까지 오십소겁이나 걸렸다.

　이때 석가모니 부처님께서는 묵묵히 앉아 계셨다.

右繞三匝 合掌恭敬 以諸菩薩 種種讚法 而以讚歎 住在一面 欣樂瞻仰於 二世尊 是諸菩薩摩訶薩 從初涌出 以諸菩薩 種種讚法 而讚於佛 如是時間 經五十小劫 是時釋迦牟尼佛 默然而坐

사부대중들도 역시 말없이 앉아 있었는데, 오십소겁이로되 부처님의 신력인고로 모든 대중으로 하여금 반나절같이 생각되게 하심이라. 이때에 사중이 또한 부처님의 신통력으로 보살들이 한량없는 백천만억 국토의 허공중에 가득한 것을 볼 수 있었다.

이 보살 대중 가운데 도사가 네 사람 있었는데, 첫째의 이름은 상행이고, 둘째는 무변행이며, 셋째

及諸四眾 亦皆默然 五十小劫 佛神力故 令諸大眾 謂如半日 爾時四眾 亦以佛神力故 見諸菩薩 遍滿無量 百千萬億國土虛空 是 菩薩眾中 有 四導師 一名 上行 二名 無邊行

는 정행이고, 넷째는 안립행이었다. 이 네 보살은 그 대중 가운데 가장 우두머리이며 앞장서서 이끄는 법사였는데, 대중들 앞에 나와서 다 같이 합장하고 석가모니 부처님을 우러러보며 문안을 드렸다.

"세존이시여! 조그마한 병도 없고 조그마한 번거로움도 없으며 편안하고 즐겁게 지내십니까? 제도 받을 이들이 가르침을 잘 받

三名 淨行 四名 安立行 是四菩薩 於其衆中 最爲上首
唱導之師 在大衆前 各共合掌 觀釋迦牟尼佛 而問訊言
世尊 少病少惱 安樂行不 所應度者 受敎易不

으며 세존으로 하여금 피로하게 하지는 않습니까?"

그리고는 네 사람의 큰 보살이 게송으로 말하였다.

세존이시여!

안락하시어 조그마한 병도 조그마한 번거로움도 없으며, 중생을 교화하시느라 피곤하시거나 지루하시지는 않습니까? 또 중생들이 교화를 잘 받아들이며 세존

不令世尊 生疲勞耶 爾時 四大菩薩 而說偈言
世尊安樂　　少病少惱　　敎化衆生　　得無疲惓
又諸衆生　　受化易不　　不令世尊　　生疲勞耶

으로 하여금 피곤하게 하지는 않습니까?"

그러자 세존께서 보살대중 가운데서 이렇게 말씀하셨다.
"그러하다, 그러하다. 선남자들아! 여래는 편안하고 즐거우며 병도 적고 번거로움도 적으며, 중생들도 교화하여 제도하기 쉬우므로 피곤함이 없느니라. 왜냐하면 이 중생들은 오랜 세상을 지내

爾時世尊 於 菩薩大衆中 而作是言 如是如是 諸 善男子 如來 安樂 少病少惱 諸衆生等 易可化度 無有疲勞 所以者何 是諸衆生 世世已來

오며 항상 나의 교화를 받았고, 또 과거의 부처님들을 공양, 존중하여 여러 가지 선근을 심었기 때문이니라.

　이 중생들은 처음에 나의 몸을 보고 또 내가 설하는 것을 듣고서, 모두들 바로 믿고 받아들여 여래의 지혜에 들었느니라. 소승을 먼저 닦고 익히며 배우는 자들은 제외하지만, 이런 자들도 내가 이제 이 경을 듣게 하여 부처님의 지혜

常受我化 亦於過去諸佛 供養尊重 種諸善根 此諸衆生 始見我身 聞我所說 卽皆信受 入 如來慧 除先修習 學小乘者 如是之人 我今亦令得聞是經 入於佛慧

에 들게 하리라."

이 말씀을 듣고 큰 보살들이 게송으로 말하였다.

거룩하고도 거룩하시며 큰 영웅이신 세존께서 중생들을 쉽게 교화하시고 제도하십니다. 부처님들의 매우 깊은 지혜를 묻고 들으며 믿고 행하니 저희들도 감사합니다.

爾時 諸大菩薩 而說偈言

| 善哉善哉 | 大雄世尊 | 諸衆生等 | 易可化度 |
| 能問諸佛 | 甚深智慧 | 聞已信行 | 我等隨喜 |

세존께서 우두머리가 되는 큰 보살들을 칭찬하시었다.

"착하고도 착하구나! 선남자들아! 너희가 능히 여래에게 감사하는 마음을 내는구나!"

그때 미륵보살과 팔천 항하의 모래 수 같은 보살들이 모두다 이런 생각을 하였다.

'우리들은 옛날부터 이와 같은 대 보살마하살들이 땅에서 솟아나와 부처님 앞에 머무르며 합장

於時世尊 讚歎上首 諸大菩薩 善哉善哉 善男子 汝等 能於如來 發隨喜心 爾時 彌勒菩薩 及 八千恒河沙 諸 菩薩衆 皆作是念 我等 從昔已來 不見不聞 如是大菩薩 摩訶薩衆 從地涌出 住 世尊前 合掌供養

공양하고, 여래께 문안 드리는 것을 보지도 못하고 듣지도 못하였다.'

이때 미륵보살마하살이 팔천 항하의 모래 수 같은 보살들이 마음 속으로 생각하는 것을 알고, 또 자신의 의심도 풀기 위하여 부처님을 향하여 합장하며 게송으로 여쭈었다.

한량없는 천만억 보살 대중들

問訊如來 時 彌勒菩薩摩訶薩 知 八千恒河沙諸菩薩等 心之所念 幷欲自決所疑 合掌向佛 以偈問曰

無量千萬億　　大衆諸菩薩

을 옛날에는 한 번도 보지 못했으
니 원하옵건대 부처님께서 말씀
하여 주십시오. 이들은 어디로부
터 왔으며 어떠한 인연으로 모였
습니까?

큰 몸과 큰 신통력이 있고 불가
사의한 지혜가 있으며, 그들의 뜻
과 생각이 견고하고 인욕하는 힘
이 크므로, 중생들이 보고 좋아하
오니 어디에서 왔습니까?

한분 한분 보살들마다 권속들

昔所未曾見	願兩足尊說	是從何所來
以何因緣集	巨身大神通	智慧叵思議
其志念堅固	有大忍辱力	衆生所樂見
爲從何所來	一一諸菩薩	所將諸眷屬

을 거느리는데 그 수가 한량없어서 항하의 모래 수 같습니다. 어떤 대보살은 육만 항하의 모래 수 같은 권속들을 거느렸는데 이 대중들이 일심으로 불도를 구하며 육만 항하의 모래 수 같은 대사들이 함께 와서 부처님께 공양하고 이 경을 수호하여 지니고 있습니다.

　오만 항하의 모래 수 같은 권속을 거느린 보살은 이보다 더 많으며 사만, 삼만, 이만, 일만이나 일

其數無有量　如恒河沙等　或有大菩薩
將六萬恒沙　如是諸大衆　一心求佛道
是諸大師等　六萬恒河沙　俱來供養佛
及護持是經　將五萬恒沙　其數過於是
四萬及三萬　二萬至一萬

천, 일백 내지는 한 항하의 모래수 같거나 그 절반으로부터 삼분의 일 또는 사분의 일 내지 억만분의 일이거나 천만 나유타 만억의 제자와 반 억의 제자를 둔 이가 더 많았습니다.

　백만에서 일만, 일천, 일백, 오십, 일십 내지 셋, 둘, 하나에 이르기까지 제자를 둔 이도 있으며, 권속도 없이 혼자서 있기를 즐기는 자도 있는데, 다 함께 부처님 계신

一千一百等
億萬分之一
乃至於半億
一千及一百
單己無眷屬

乃至一恒沙
千萬那由他
其數復過上
五十與一十
樂於獨處者

半及三四分
萬億諸弟子
百萬至一萬
乃至三二一
俱來至佛所

곳으로 이르니 그 수가 점점 더 많아졌습니다.

이 모든 대중들을 어떤 사람이 헤아리려 한다면 항하의 모래 수 같은 겁을 지나더라도 여전히 알 수가 없습니다. 이렇게 큰 위덕을 갖추고 정진하는 보살 대중에게 어떤 분이 설법하고 교화하여 성취하게 하였습니까?

누구를 따라 처음으로 발심을 하였으며, 어떤 부처님의 법을 찬

其數轉過上
過於恒沙劫
精進菩薩衆
從誰初發心

如是諸大衆
猶不能盡知
誰爲其說法
稱揚何佛法

若人行籌數
是諸大威德
教化而成就

양하였으며, 어떤 분의 경을 받아 지니고 행하였으며, 어떤 부처님의 가르침을 닦고 익혔습니까?

　이와 같은 보살들이 신통력과 큰 지혜의 힘이 있어, 사방의 땅이 진동을 하며 갈라지더니, 그 가운데서 솟아 나왔는데, 세존이시여! 저희는 한 번도 이런 일을 보지 못하였습니다.

　원하옵건대 그들이 온 나라의 이름을 말씀해 주십시오. 저는 항

受持行誰經
神通大智力
世尊我昔來
國土之名號

修習何佛道
四方地震裂
未曾見是事

如是諸菩薩
皆從中涌出
願說其所從

상 여러 나라를 다녔지만 아직까지 이런 대중을 보지 못하였으며, 이 대중 가운데서 한 사람도 아는 사람이 없습니다. 갑자기 땅에서 솟아 나온 그 인연을 원하옵건대 설하여 주십시오.

지금 이 회중에 있는 한량없는 백천억 보살들도 모두다 이일을 알고자 하오니, 이 보살들의 처음부터 끝까지의 인연을 설하여 주십시오. 한량없는 덕을 갖추신 세

我常遊諸國　未曾見是衆　我於此衆中
乃不識一人　忽然從地出　願說其因緣
今此之大會　無量百千億　是諸菩薩等
皆欲知此事　是諸菩薩衆　本末之因緣
無量德世尊

존이시여, 오직 원하옵건대 대중들의 의심을 풀어 주십시오.

그때 석가모니 부처님의 분신 부처님들이 한량없는 천만억의 나라에서 오셔서 팔방의 보배 나무 아래 사자좌에 결가부좌를 하고 계셨다. 그 부처님들의 시중을 드는 사람들도 모두들 보살대중들이 삼천대천세계의 사방에서 땅으로부터 솟아 나와 허공중에

唯願決衆疑

爾時 釋迦牟尼 分身諸佛 從 無量千萬億 他方國土來者 在於八方 諸寶樹下 師子座上 結跏趺坐 其佛侍者 各各 見是 菩薩大衆 於 三千大千世界四方 從地涌出

머무르는 것을 보고 각자 그들의 부처님들께 말씀드렸다.

"세존이시여! 이 한량없고 가없는 아승지의 보살대중은 어느 곳에서 왔습니까?"

그때 부처님들께서 각자의 시자들에게 말씀하셨다.

"선남자들아! 잠시만 기다려라. 석가모니 부처님의 수기를 받아서 다음에 부처님이 되는 미륵이라는 보살마하살이 이 일을 이

住於虛空 各白其佛言 世尊 此諸無量無邊 阿僧祇菩薩大衆 從 何所來 爾時諸佛 各告侍者 諸 善男子 且待須臾 有 菩薩摩訶薩 名曰彌勒 釋迦牟尼佛之所授記 次後作佛 以問斯事

미 여쭈었으므로, 부처님께서 이제 대답하실 것이니, 너희도 저절로 그로 말미암아 듣게 될 것이니라."

그때 석가모니 부처님께서 미륵보살에게 말씀하셨다.

"훌륭하고도 훌륭하도다. 아일다여! 그대가 나에게 이와 같이 큰일을 물었구나.

너희들은 다 함께 일심으로 정진의 갑옷을 입고 견고한 뜻을 일

佛今答之 汝等 自當 因是得聞 爾時 釋迦牟尼佛 告 彌勒菩薩 善哉善哉 阿逸多 乃能問佛 如是大事 汝等 當共一心 被 精進鎧 發 堅固意

으켜라. 내가 지금 부처님들의 지혜와 부처님들의 자유자재하신 신통력과 부처님들의 사자같이 놀라운 힘과 부처님들의 위엄스럽고 용맹스러운 큰 세력의 힘을 나타내 보이며 설하여 보이고자 하느니라."

세존께서 이 뜻을 거듭 펴시려고 게송으로 말씀하셨다.

마땅히 한결같은 마음으로 정

如來今欲 顯發宣示 諸佛智慧 諸佛自在神通之力 諸佛師子奮迅之力 諸佛威猛大勢之力
爾時 世尊 欲重宣此義 而說偈言

當精進一心

진하여라.

  내가 이 일을 설하려 하니 의심하거나 후회하는 일이 없도록 하여라. 부처님의 지혜는 불가사의하므로 너희가 이제 믿음의 힘을 내어 잘 참으며 착한 가운데 머무르면, 옛날에는 듣지 못하였던 법을 이제 모두다 들을 수 있으리라. 내가 이제 너희를 편안하게 위로하니 의심하거나 두려워하지 말아라.

我欲說此事	勿得有疑悔	佛智叵思議
汝今出信力	住於忍善中	昔所未聞法
今皆當得聞	我今安慰汝	勿得懷疑懼

부처님께서는 진실하지 않는 말씀은 하지 않으신다. 지혜도 헤아리기 어려워 얻은 바 제일의 법은 매우 깊어서 분별할 수 없지만, 이와 같은 것들을 이제 말할 터이니 너희들은 한결같은 마음으로 들어보아라.

세존께서 이 게송을 하신 후 미륵보살에게 말씀하셨다.
"내가 지금 이 대중 가운데서

佛無不實語　　智慧不可量　　所得第一法
甚深叵分別　　如是今當說　　汝等一心聽
爾時世尊 說此偈已 告 彌勒菩薩 我今於此大衆

너희에게 말하노라.

아일다야! 이 한량없고 수없는 아승지의 대보살마하살들이 땅에서 솟아 나오는 것을 옛날에는 보지 못하였을 것이다. 내가 이 사바세계에서 아뇩다라삼먁삼보리를 얻고서 이 보살들을 교화하고 지도하였는데, 그들의 마음을 고르게 하고, 번뇌가 일어나지 않게 하여 도에 대한 마음을 일으키게 하였느니라.

宣告汝等 阿逸多 是 諸大菩薩摩訶薩 無量無數 阿僧祇 從地涌出 汝等 昔所未見者 我於是 娑婆世界 得阿耨多羅三藐三菩提已 教化示導 是諸菩薩 調伏其心 令發道意

이 보살들은 모두 이 사바세계 아래에 있는 허공중에 머무르는데, 경전들을 읽고 외워서 통달하였으며, 말이나 글로 설명할 수 없는 뜻을 생각하고 분별하여 바르게 생각하고 기억하고 있느니라.

　아일다야! 이 선남자들은 대중 가운데서 말을 많이 하기 싫어하며, 항상 고요한 곳에 있기를 좋아하며, 부지런히 정진하여 일찍이 쉰 적이 없으며, 사람이나 하늘에

此諸菩薩 皆於是 娑婆世界之下 此界虛空中住 於諸經典 讀誦通利 思惟分別 正憶念 阿逸多 是諸善男子等 不樂在衆 多有所說 常樂靜處 勲行精進 未曾休息 亦不依止 人天而住

의지하여 지내지 않으며, 항상 깊은 지혜를 즐겨 장애가 없으며, 언제나 부처님들의 가르침을 즐기며, 일심으로 정진하며 위없는 지혜를 구하느니라."

세존께서 이 뜻을 거듭 펴시려고 게송으로 말씀하셨다.

아일다야! 마땅히 알아라. 이 대보살들은 셀 수 없는 겁이 지나도록 부처님의 지혜를 닦고 익혔

常樂深智 無有障礙 亦常樂於諸佛之法 一心精進 求無上慧 爾時世尊 欲重宣此義 而說偈言

阿逸汝當知　　是諸大菩薩　　從無數劫來
修習佛智慧

는데, 모두 다 내가 교화하여 크나큰 도의 마음을 일으키게 하였느니라. 이들은 바로 나의 아들들이며, 이 세계에 의지하여 항상 두타를 하며, 고요한 곳을 즐기며, 심란하고 시끄러운 대중들의 처소를 버리고 말이 많은 것을 좋아하지 않느니라.

이와 같은 아들들이 나의 가르침을 배우고 익혀, 밤낮으로 정진하며 불도를 구하기 위하여 사바

悉是我所化	令發大道心	此等是我子
依止是世界	常行頭陀事	志樂於靜處
捨大衆憒鬧	不樂多所說	如是諸子等
學習我道法	晝夜常精進	爲求佛道故

세계 아래의 허공중에 있었느니라. 뜻과 생각의 힘이 견고하고, 언제나 부지런히 지혜를 구하며 가지가지 훌륭한 가르침을 설하기에 그 마음에 두려운 것이 없느니라.

내가 가야성의 보리수 아래에 앉아서 가장 바른 깨달음을 이루고 위없는 법륜을 굴릴 때에 교화하여 처음으로 도의 마음을 내게 하여 지금은 모두다 물러나지 않

在娑婆世界　下方空中住　志念力堅固
常懃求智慧　說種種妙法　其心無所畏
我於伽耶城　菩提樹下坐　得成最正覺
轉無上法輪　爾乃敎化之　令初發道心
今皆住不退

는 경지에 머무르니 모두다 성불할 것이니라. 내가 이제 진실을 말하니 너희들은 일심으로 믿어라. 내가 오랜 옛날부터 이들을 교화하였느니라.

그때 미륵보살마하살과 수없는 보살들은 의심스럽고 매우 이상한 일이라 여기며, '세존께서 어떻게 이 짧은 시간에 이와 같이 한량없고 가없는 아승지의 대보살

悉當得成佛　　我今說實語　　汝等一心信
我從久遠來　　敎化是等衆

爾時 彌勒菩薩摩訶薩 及 無數諸菩薩等 心生疑惑 怪
未曾有 而作是念 云何世尊 於 少時間 敎化如是無量

들을 교화하시어 아뇩다라삼먁삼보리에 머무르게 하시었을까?' 하며 바로 부처님께 말씀드렸다.

"세존이시여! 여래께서는 태자로 계실 때 석씨의 왕궁을 나오셨으며 가야성에서 멀지 않은 도량에서 아뇩다라삼먁삼보리를 이루셨습니다. 이때로부터 지나온 것이 이제 겨우 사십여 년이 지났는데 어떻게 이 짧은 기간에 큰 불사를 하셨으며, 부처님의 힘과 부처

無邊 阿僧祇 諸大菩薩 令住阿耨多羅三藐三菩提 卽白佛言 世尊 如來 爲太子時 出於釋宮 去伽耶城不遠 坐於道場 得成阿耨多羅三藐三菩提 從是已來 始過四十餘年 世尊 云何 於此少時 大作佛事 以佛勢力

님의 공덕으로 이와 같이 한량없는 대보살들을 교화하시어 아뇩다라삼먁삼보리를 이루게 하셨습니까?

세존이시여! 이 대보살들을 가령 어떤 사람이 천만억 겁동안 헤아려도 다 헤아릴 수 없어 그 끝을 알 수가 없겠습니다. 이들은 먼 옛날부터 한량없고 가없는 부처님들의 처소에서 선근들을 심고 보살의 도를 이루었으며 항상 청정

以佛功德 教化如是 無量大菩薩衆 當成阿耨多羅三藐三菩提 世尊 此大菩薩衆 假使有人 於 千萬億劫 數不能盡 不得其邊 斯等 久遠已來 於 無量無邊 諸佛所 植諸善根 成就菩薩道

한 수행을 닦았을 것입니다.

세존이시여!

이 같은 일을 세상에서는 믿기가 어렵습니다. 비유하면 얼굴이 곱고 머리가 검으며 나이도 스물다섯 정도로 보이는 어떤 사람이 백 살이나 돼 보이는 사람을 가리키며 '이 사람이 나의 아들이다.'라고 말하고, 그 사람도 역시 젊은 사람을 가리키며 '이분은 나의 아버지인데 나를 낳아서 길렀

常修梵行 世尊 如此之事 世所難信 譬如有人 色美髮黑 年 二十五 指 百歲人 言是我子 其 百歲人 亦指年少 言 是我父 生育我等

다.'하는 것과 같습니다. 이런 일은 믿기가 어렵습니다.

　부처님께서 이와 같아서 도를 얻으신 지가 오래되지 않았는데, 이 보살대중들은 이미 한량없는 천만억 겁 동안 불도를 위하여 부지런히 정진하여, 한량없는 백천만억 삼매에 잘 들어가고 나오고 머무르는 큰 신통을 얻었으며, 오랫동안 법행을 닦아 온갖 훌륭한 법을 차례로 잘 익혀서 문답에 대

是事難信 佛亦如是 得道已來 其實未久 而此大衆 諸菩薩等 已於無量 千萬億劫 爲 佛道故 懃行精進 善 入出住 無量百千萬億三昧 得 大神通 久修梵行 善能次第習諸善法 巧於問答

하여 훌륭하여 사람 가운데 보배입니다.

 일체 세간에서는 매우 드물고 귀한데, 오늘 세존께서, '불도를 얻었을 때에 처음으로 마음을 내게 하고 교화하고 인도하여 아뇩다라삼먁삼보리에 향하도록 하였다.'하시니 세존께서 부처님이 되신 지가 오래지 않은데 어떻게 이런 큰 공덕의 일을 하실 수 있었습니까?

人中之寶 一切世間 甚爲希有 今日世尊 方云 得佛道時 初令發心 敎化示導 令向阿耨多羅三藐三菩提 世尊 得佛未久 乃能作此大功德事

저희들이야 부처님께서는 수의 설법을 하시며 하신 말씀이 한 번도 거짓이 없으시며 아셔야 하실 것은 모두다 통달하신 분이라는 것을 믿습니다만, 새로 발심을 하는 보살들이 부처님께서 열반하신 후에 만약 이런 말씀을 듣고 혹시 믿지 않거나 받아들이지 않으면 가르침을 깨뜨리는 죄업의 인연을 짓게 됩니다.

그러하오니 세존이시여! 원하

我等 雖復信佛 隨宜所說 佛所出言 未曾虛妄 佛所知者 皆悉通達 然 諸新發意菩薩 於 佛滅後 若聞是語 或不信受 而起破 法 罪業因緣 唯然世尊

옵건대 자세히 말씀하셔서 저희들의 의문을 풀어 주시고, 아울러 미래 세상의 선남자들이 이 일을 듣고서도 의심이 나지 않게 하여 주십시오."

미륵보살이 이 뜻을 거듭 펴려고 게송으로 말하였다.

부처님께서 석씨족으로부터 출가하시어 가야성 가까이에 있는 보리수 아래에 앉으신 지가 얼마

願爲解說 除我等疑 及未來世 諸善男子 聞此事已 亦不生疑
爾時 彌勒菩薩 欲重宣此義 而說偈言
佛昔從釋種　　出家近伽耶　　坐於菩提樹

되지 않았는데, 이 불자들은 그 수가 한량없으며 오랫동안 불도를 행하여 신통력에 머물렀습니다.

　보살의 도를 잘 배워 세속의 법에 물들지 않은 것이, 연꽃이 물에 있는 듯 땅에서 솟아 나와 모두에게 공경하는 마음을 일으키며 세존 앞에 머무르고 있습니다. 이런 일을 생각하기도 어려운데 어떻게 믿을 수가 있겠습니까?

　부처님이 도를 얻으신 지가 얼

爾來尙未久	此諸佛子等	其數不可量
久已行佛道	住於神通力	善學菩薩道
不染世間法	如蓮華在水	從地而涌出
皆起恭敬心	住於世尊前	是事難思議
云何而可信	佛得道甚近	

마 되지 않는데 성취하신 것은 매우 많습니다. 원하옵건대 대중들의 의심을 풀어주시고 진실대로 자세히 말씀하여 주십시오.

비유하면 젊은 사람이 겨우 스물 다섯 정도로 보이는데 백 살이나 되어 보이며 머리가 희고 얼굴이 주름진 사람을 가리켜 자기가 낳은 아들이라 하고, 아들이라는 사람도 역시 이 사람을 아버지라 하지만, 아버지는 어리고 아들은

所成就甚多　　願爲除衆疑　　如實分別說
譬如少壯人　　年始二十五　　示人百歲子
髮白而面皺　　是等我所生　　子亦說是父
父少而子老

늙었으니 온 세상이 믿지 않을 것입니다.

　세존께서도 이와 같아서 도를 얻으신 지가 얼마 되지 않는데, 이 보살들은 뜻이 굳어 겁내거나 약하지 않으며, 헤아릴 수 없는 옛날부터 보살의 도를 행하였으며, 어려운 문답에도 훌륭하여 그 마음에 두려움이 없습니다. 인욕의 마음이 확고하며 단정하고, 위엄과 덕망이 있어 시방세계의 부처님

擧世所不信　世尊亦如是　得道來甚近
是諸菩薩等　志固無怯弱　從無量劫來
而行菩薩道　巧於難問答　其心無所畏
忍辱心決定　端正有威德　十方佛所讚

들의 칭찬을 받으며, 자세히 설법을 잘하며 사람들이 많은 곳은 즐겨하지 아니하며, 항상 선정에 들기를 좋아하며, 불도를 구하려고 아래에 있는 허공중에 머물러 있었다 하셨습니다.

저희들은 부처님으로부터 이 일을 듣고 의심하지 않지만, 원하옵건대 부처님께서는 미래를 위하여 해설하여 주십시오.

만약에 이 경을 의심하고 믿지

善能分別說　不樂在人衆　常好在禪定
爲求佛道故　於下空中住　我等從佛聞
於此事無疑　願佛爲未來　演說令開解
若有於此經　生疑不信者

아니하는 사람이 있으면 곧 악도에 떨어지게 될 것이니, 원하옵건대 해설하여 주십시오. 이렇게 한량없는 보살들을 어떻게 그 짧은 기간에 교화하여 발심을 하게 하였으며 물러나지 않는 경지에 머무르게 하셨습니까?

제 십오 종지용출품 끝

卽當墮惡道　　願今爲解說　　是無量菩薩
云何於少時　　敎化令發心　　而住不退地

第十五 從地涌出品 終

제 십육 여래수량품

그때 부처님께서 보살들과 일체 대중들에게 말씀하셨다.

"선남자들아! 너희들은 마땅히 여래의 진실하고 참된 말을 믿고 이해하여야 하느니라."

그리고는 다시 대중들에게 말씀하셨다.

"너희들은 마땅히 여래의 진실하고 참된 말을 믿고 이해하여야

第十六 如來壽量品

爾時 佛告諸菩薩 及 一切大衆 諸 善男子 汝等 當 信解 如來 誠諦之語 復告大衆 汝等 當 信解如來 誠諦之語

하느니라."

그리고 또 다시 대중들에게,

"너희들은 여래의 진실하고 참된 말을 마땅히 믿고 이해하여야 하느니라." 하셨다.

이때 보살대중 가운데 미륵보살이 앞장서서 합장하며 부처님께 말씀드렸다.

"세존이시여! 오직 원하옵건대 말씀하여 주십시오. 저희들은 마땅히 부처님의 말씀을 믿고 받아

又復告諸大衆 汝等 當 信解如來 誠諦之語 是時菩薩大衆 彌勒 爲首 合掌白佛言 世尊 唯願說之 我等 當 信受佛語

들이겠습니다."

이와 같이 세 번이나 말씀을 드리고 다시 말하였다.

"오직 원하옵건대 말씀하여 주십시오. 저희들은 마땅히 부처님의 말씀을 믿고 받아들이겠습니다."

세존께서 보살들이 세 번이나 청하며 그만두지 않을 것을 아시고 말씀을 하셨다.

"너희들은 여래의 비밀스런 신

如是三白已 復言唯願說之 我等 當 信受佛語 爾時世尊 知諸菩薩 三請不止 而告之言 汝等 諦聽如來 秘密神通之力

통력을 자세히 들어라. 일체 세간의 하늘과 인간과 아수라들은 모두다 지금의 석가모니 부처님께서 석씨의 궁전을 나와 가야성에서 멀지 않은 도량에서 아뇩다라삼먁삼보리를 얻었다고 말하지만 선남자들아, 내가 실제로 성불한 지는 한량없고 가없는 백천만억 나유타 겁이 지났느니라.

　　비유하면 오백천만억 나유타 아승지의 삼천대천세계를 가령,

一切世間 天人及 阿修羅 皆謂今 釋迦牟尼佛 出釋氏宮 去伽耶城不遠 坐於道場 得阿耨多羅三藐三菩提 然 善男子 我實成佛已來 無量無邊百千萬億 那由他劫 譬如 五百千萬億 那由他 阿僧祇 三千大千世界

어떤 사람이 부수어 작은 티끌로 만들어서 동방으로 오백천만억 나유타 아승지의 세계를 지나면서 겨우 한 티끌을 떨어뜨리고, 이와 같이 동쪽으로 가면서 떨어뜨려 이 티끌들이 다 하였다면 선남자들아, 어떻게 생각하느냐? 이 모든 세계들을 가히 생각하고 헤아려서 그 수를 알 수 있겠느냐?"

미륵보살 등이 다함께 부처님께 말씀드렸다.

假使有人 抹爲微塵 過於東方 五百千萬億 那由他 阿僧祇國 乃下一塵 如是東行 盡是微塵 諸 善男子 於意云何 是諸世界 可得思惟校計 知其數不 彌勒菩薩等 俱白佛言

"세존이시여! 이 세계들은 한량없고 가없어서 헤아려도 알 수가 없으며 생각으로도 미칠 수가 없습니다. 일체의 성문과 벽지불이 무루지로 생각하여도 그 한량없는 수를 알 수가 없을 것이며, 불퇴전의 지위에 머무는 저희도 이런 일에는 통달할 수가 없습니다. 세존이시여! 이와 같은 세계들은 한량없고 가없는 것입니다."

그때 부처님께서 대보살들에게

世尊 是諸世界 無量無邊 非 算數所知 亦非心力所及 一切聲聞辟支佛 以 無漏智 不能思惟 知其限數 我等住 阿惟越致地 於是事中 亦所不達 世尊 如是諸世界 無量無邊 爾時 佛告大菩薩衆

말씀하셨다.

"선남자들아! 이제 너희들에게 분명히 말하겠노라. 티끌이 떨어졌거나 떨어지지 않은 세계들을 모두다 모아서 다시 티끌로 만들어 한 티끌을 일 겁이라고 하더라도, 내가 성불한 지는 이보다 백천만억 나유타 아승지 겁이 더 지났느니라. 이때부터 나는 항상 이 사바세계에서 설법하며 교화하였고, 또 다른 백천만억 나유타 아승

諸善男子 今當分明 宣語汝等 是諸世界 若著微塵 及不著者 盡以爲塵 一塵一劫 我 成佛已來 復過於此 百千萬億 那由他 阿僧祇劫 自從是來 我常在此 娑婆世界 說法敎化 亦於餘處 百千萬億 那由他 阿僧祇國

지의 나라에서도 중생들을 인도하여 이익 되게 하였느니라.

선남자들아! 이 중간에 연등불께 법을 얻었다고 말하였고, 또 열반에 들었다고 말하였는데, 이와 같은 것은 모두다 방편으로 분별한 것이다. 선남자들아! 만약 어떤 중생이 내가 있는 곳으로 오면, 나는 부처님의 눈으로 그들의 믿음과 모든 소질과 능력과 지혜의 정도가 뛰어난지 둔한지를 살펴

導利眾生 諸善男子 於是中間 我說燃燈佛等 又復言其 入於涅槃 如是皆以 方便分別 諸善男子 若有眾生 來至我所 我以佛眼 觀其信等 諸根 利鈍

보고 마땅히 제도할 방법에 따라서 곳곳에서 설하였는데, 이름이 같지 않고 나이도 많고 적으며, 마땅히 열반에 든다고 나타내며 말하기도 하였으며, 또 가지가지 방편으로 미묘한 법을 설하여 중생들로 하여금 환희심을 내게 하였느니라.

선남자들아! 여래는 중생들이 소승법을 좋아하여 덕이 얇고 허물이 많은 것을 보고, 이런 사람을

隨所應度 處處自說 名字不同 年紀大小 亦復現言 當入涅槃 又以種種方便 說 微妙法 能令衆生 發歡喜心 諸善男子 如來 見諸衆生 樂於小法 德薄垢重者

위하여 내가 젊어서 출가하여 아뇩다라삼먁삼보리를 얻었다고 하였는데, 실제로 성불한 지는 이와 같이 아주 먼 오래이며, 방편으로 중생들을 교화하여 불도에 들게 하려고 이와 같은 말을 하였던 것이니라.

선남자들아! 여래가 설한 경전은 모두 중생을 제도하여 해탈하게 하기 위한 것이므로 때로는 나의 몸을 말하고, 때로는 다른 이의

爲是人說 我少出家 得 阿耨多羅三藐三菩提 然 我實成佛已來 久遠若斯 但以方便 敎化衆生 令入佛道 作 如是說 諸善男子 如來所演經典 皆爲度脫衆生 或說己身 或說他身

몸을 말하고, 때로는 나의 몸을 보이고, 때로는 다른 이의 몸을 보이며, 때로는 나의 일을 보이고, 때로는 다른 이의 일을 보이지만 설한 것들은 모두다 사실이지 헛된 것은 없느니라. 왜냐하면 여래는 삼계의 모습을 실제와 같이 지혜의 눈으로 보기 때문이니라. 나거나 죽음이 없고 나오거나 물러남이 없으며, 또 세상에 사는 것과 열반하는 것도 없으며, 실다움도

或示己身 或示他身 或示己事 或示他事 諸所言說 皆實不虛 所以者何 如來 如實知見 三界之相 無有生死 若退若出 亦無在世 及滅度者

아니고 허망함도 아니며, 같은 것도 아니고 다른 것도 아님을 알고 삼계를 삼계 같지 않게 보느니라.

이런 일을 여래는 분명하게 보아 그릇됨이 없지마는, 중생들로서는 가지가지 성품과 가지가지 욕망과 가지가지의 행과 가지가지로 분별하는 생각이 있으므로, 선근들을 내게 하려고 약간의 인연과 비유와 이야기로 가지가지 설법을 하며 불사를 하였으며 잠

非實非虛 非如非異 不如三界 見於三界 如斯之事 如來明見 無有錯謬 以諸眾生 有種種性 種種欲 種種行 種種憶想分別故 欲令生諸善根 以若干因緣 譬喻言辭 種種說法 所作佛事

시도 그만 둔 적이 없었느니라.

이와 같이 내가 성불한 지는 무척 오래되었고 수명은 한량없는 아승지 겁이라서 항상 머무르며 열반하지 않느니라.

선남자들아! 내가 본래 보살의 도를 행하여 이룬 수명은 지금도 오히려 다하지 않아 앞서 말한 수의 배나 되는데, 실제로 열반하지 않으면서 방편으로 열반에 든다고 말한 것이니라.

未曾暫廢 如是 我 成佛已來 甚大久遠 壽命 無量阿僧祇劫 常住不滅 諸善男子 我 本行菩薩道 所成壽命 今猶未盡 復倍上數 然 今非實滅度 而便唱言 當取滅度

여래는 이런 방편으로 중생들을 교화하는데, 왜냐하면 부처님께서 세상에 오래도록 머무른다고 하면, 덕이 엷은 사람들은 선근을 심지 않아 가난하고 하천하며 오욕에 빠져들어, 기억하고 생각하는 것들이 허망한 그물에 걸리게 될 것이며, 만약에 여래가 열반하지 않고 항상 있는 것을 보면, 교만하고 방자한 생각을 내어 싫증을 내거나 게으름을 피우며 만

如來以是方便 敎化衆生 所以者何 若佛 久住於世 薄德
之人 不種善根 貧窮下賤 貪著五欲 入於憶想 妄見網中
若見如來 常在不滅 便起憍恣 而懷厭怠 不能生難遭之
想

나기가 어렵다는 생각으로 공경하는 마음을 내지 않을 것이기 때문이니라. 그리하여 여래는 방편으로 설하느니라.

　비구들아, 마땅히 알아라. 부처님들께서 세상에 출현하시는 것을 만나기는 매우 어렵느니라. 왜냐하면 덕이 엷은 사람들은 한량없는 백천만억 겁을 지나서야 한 번 볼까 말까 하기 때문이다. 이런 사실 때문에 내가 말하기를 '비

恭敬之心 是故如來以方便說 比丘 當知 諸佛出世 難可值遇 所以者何 諸薄德人 過無量百千萬億劫 或 有見佛 或 不見者 以此事故 我作是言

구들아, 여래는 뵙기가 어렵다.'
고 한 것이니라. 중생들이 이 말을
들으면 반드시 '부처님을 만나기
가 어렵겠구나.'라는 생각으로
부처님을 마음으로 사모하고 간
절히 그리워하며 선근을 심게 되
는 것이니라. 그러므로 여래는 실
제 열반하지 않으면서 열반한다
고 말하는 것이니라.

　선남자들아! 모든 부처님 여래
의 법은 모두다 이와 같이 중생을

諸比丘 如來 難可得見 斯衆生等 聞如是語 必當生於難
遭之想 心懷戀慕 渴仰於佛 便種善根 是故 如來 雖不
實滅 而言滅度 又善男子 諸佛如來 法皆如是

제도하기 위한 것이므로 모두다 진실하며 허망하지 않느니라.

　비유하면, 좋은 의사가 지혜가 뛰어나고 약의 처방에도 밝아 여러 가지 병을 잘 치료하였느니라. 그 사람에게 자식들이 많아 열이나 스물에서 백 명이나 되었는데, 볼일이 있어서 멀리 다른 나라에 간 사이에 아들들이 독약을 마시고 약이 퍼져 속이 답답하고 어지러워 땅에 뒹굴고 있었느니라.

爲度衆生 皆實不虛 譬如良醫 智慧聰達 明練方藥 善治衆病 其人 多諸子息 若十二十 乃至百數 以有事緣 遠至餘國 諸子於後 飮他毒藥 藥發悶亂 宛轉于地

이때 의사가 집으로 되돌아와 보니 자식들이 독을 마셔 어떤 자식은 본심을 잃었고, 어떤 자식은 본심을 잃지 않았는데, 아버지가 오시는 것을 보고 모두다 기뻐서 무릎을 꿇고 절하며 '편안히 잘 다녀오셨습니까? 저희들이 어리석어 독약을 잘못 먹었으니 원하옵건대 치료해 주시어 살려 주십시오.' 하였느니라.

아버지는 자식들의 고통과 괴

是時其父還來歸家 諸子飮毒 或失本心 或不失者 遙見其父 皆大歡喜 拜跪問訊 善安隱歸 我等 愚癡 誤服毒藥 願見救療 更賜壽命 父見子等 苦惱如是

로움을 보고 가지가지 약방문에 따라 빛과 향과 좋은 맛을 모두다 갖춘 좋은 약초를 구하여, 방아에 찧고 체로 치고 고루 섞어서 자식들에게 먹게 하며, '이 약은 매우 좋은 약이다. 빛과 향과 좋은 맛을 모두다 갖추었으니 먹고 나면 고통과 괴로움이 빨리 없어지고 다시는 아프지 않을 것이다.' 하였느니라.

그런데 마음을 잃지 않은 아들

依諸經方 求好藥草 色香美味 皆悉具足 擣篩和合 與子令服 而作是言 此大良藥 色香美味 皆悉具足 汝等可服 速除苦惱 無復衆患 其諸子中 不失心者

들은 이 좋은 약이 빛깔과 향기도 좋음을 보고 바로 먹고 병이 다 나았으나, 마음을 잃어버린 아들들은 아버지가 오셨을 때 그들도 반갑게 인사드리며 '병을 고쳐주십시오.' 하였으면서 약을 먹지는 않았느니라.

왜냐하면 독의 기운이 깊이 들어가 본심을 잃어버렸으므로 이렇게 빛과 향기가 좋은 약을 좋지 않게 생각하였기 때문이었느니

見此良藥 色香俱好 卽便服之 病盡除愈 餘失心者 見其
父來 雖亦歡喜問訊 求索治病 然 與其藥而不肯服 所以
者何 毒氣深入 失本心故 於此好色香藥 而謂不美

라. 그리하여 아버지는, '이 자식들이 참으로 불쌍하구나. 중독이 되어서 마음이 뒤바뀌어 나를 보고 기뻐하며 고쳐 달라 하였으면서도 이렇게 좋은 약을 먹지 않으니 내가 이제 방편을 내어서 이 약을 먹게 하여야겠구나.' 하는 생각으로 이런 말을 하였느니라.

"너희들은 마땅히 알아라. 나는 이제 늙고 쇠약해져서 죽을 때가 다 되었다. 이 좋은 약을 여기

父作是念 此子可愍 爲毒所中 心皆顚倒 雖見我喜 求索救療 如是好藥 而不肯服 我今當設方便 令服此藥 卽作是言 汝等 當知 我今衰老 死時已至 是好良藥

에 놓아 둘 테니 먹고 나서 차도가 없을까 걱정하지 말아라."

이렇게 타일러 놓고 다시 다른 나라로 가서 사람을 보내어 '너희들의 아버지가 죽었다.'라고 알리게 하였느니라. 그러자 아들들은 아버지가 세상을 떠나셨다는 말을 듣고 크게 근심하며 '아버지가 계신다면 우리들을 사랑하고 불쌍히 여기어서 구원하고 보호해 주시겠지만, 이제 우리를 두

今留在此 汝可取服 勿憂不差 作是敎已 復至他國 遣使
還告 汝父已死 是時諸子 聞父背喪 心大憂惱 而作是念
若父在者 慈愍我等 能見救護 今者捨我

고 먼 나라에서 세상을 떠나셨으니 외롭게 되었으며 믿고 의지할 곳이 없어졌구나.' 하며 깊은 슬픔에 잠겨 있다가 마침내 마음이 깨어나게 되었고, 그때서야 이 약이 색과 향과 맛이 모두 좋음을 알고 바로 가져다 먹으니 독한 병이 말끔히 나았느니라. 그 아버지는 자식들이 다 나았다는 말을 듣고 곧바로 돌아와 아들들 앞에 나타났느니라.

遠喪他國 自惟孤露 無復恃怙 常懷悲感 心遂醒悟 乃知此藥 色味香美 卽取服之 毒病皆愈 其父聞子 悉已得差 尋便來歸 咸使見之

선남자들아, 너희들의 생각은 어떠하냐? 어떤 사람이 이 좋은 의사에게 거짓말을 하였으니 죄가 있다고 말할 수 있겠느냐?"

"아니옵니다. 세존이시여!"

부처님께서 말씀하셨다.

"나도 이와 같아서 성불한 지가 한량없고 가없는 백천만억 나유타 아승지 겁이지만 중생을 위하여 방편으로 열반할 것이라고 말한 것이고, 또 법 그대로 설한 것

諸善男子 於意云何 頗有人 能說此良醫 虛妄罪不 不也 世尊 佛言我亦如是 成佛已來 無量無邊 百千萬億 那由他 阿僧祇劫 爲衆生故 以 方便力 言當滅度 亦無有能

이므로 나에게 거짓말을 한 허물이 있다고 말할 사람은 없을 것이니라."

　세존께서 이 뜻을 거듭 펴시려고 게송으로 말씀하셨다.

　내가 성불한 이래로 지나온 겁의 수는 한량없는 백천만억 아승지이니라. 항상 설법을 하며 수없는 중생을 교화하여 불도에 들게 하였는데 한량없는 겁이 지났느

如法說我 虛妄過者
爾時世尊 欲重宣此義 而說偈言

自我得佛來　　所經諸劫數　　無量百千萬
億載阿僧祇　　常說法教化　　無數億衆生

니라. 중생을 제도하기 위해 방편으로 열반을 보였지만 사실은 열반이 아니었느니라. 항상 머무르며 이 법을 설하였으며, 여러 가지 신통력으로 항상 이곳에 있었는데 중생들이 생각이 뒤바뀌어 가까이 있었지만 보지를 못한 것이니라.

　중생들은 내가 열반하는 것을 보고, 사리에 공양하며 다 함께 그리워하며 간절히 사모하는 마음

令入於佛道　爾來無量劫　爲度衆生故
方便現涅槃　而實不滅度　常住此說法
我常住於此　以諸神通力　令顚倒衆生
雖近而不見　衆見我滅度　廣供養舍利
咸皆懷戀慕　而生渴仰心

을 내느니라. 중생들이 믿고 따르며 바탕이 곧고 뜻이 부드러우며, 한결같은 마음으로 부처님을 뵈려고 목숨도 아끼지 않으면, 그때서야 나와 승가의 대중들이 다 함께 영축산에 출현을 하느니라.

나는 이때 중생들에게 항상 이곳에 있었으며 열반하지 않았다고 말하고, 방편의 힘이 있으므로 열반이 있음과 열반이 아니었음을 보이느니라. 다른 세계의 중생

衆生旣信伏	質直意柔軟	一心欲見佛
不自惜身命	時我及衆僧	俱出靈鷲山
我時語衆生	常在此不滅	以方便力故
現有滅不滅	餘國有衆生	

들도 공경하고 믿으며 좋아하는 자가 있으면, 나는 그곳에서도 위없는 법을 설하느니라. 너희들은 이 말을 듣지 못하였으므로 내가 열반한다고만 생각하였을 것이니라. 나는 중생들이 고통의 바다에 빠져 있으므로 몸을 나타내지 않고 그들에게 간절히 사모하는 마음을 내게 하여, 그들이 그리워하면 그때서야 출현하여 설법을 하느니라. 신통의 힘으로 아승지겁

恭敬信樂者　　我復於彼中　　爲說無上法
汝等不聞此　　但謂我滅度　　我見諸衆生
沒在於苦惱　　故不爲現身　　令其生渴仰
因其心戀慕　　乃出爲說法　　神通力如是

동안 항상 영축산에 있었고 또 다른 곳에도 있었느니라.

　중생들이 겁이 다하여 큰 불이 일어나 타고 있는 것을 볼 때에도 나의 이 국토는 편안하며, 하늘과 사람이 항상 가득할 것이며, 꽃동산과 숲과 집과 누각들은 가지가지의 보배로 아름답게 꾸며지며, 보배 나무에 꽃과 열매가 가득하여 중생들은 즐겁게 놀고 천인들은 하늘 북을 치며 가지가지 음악

於阿僧祇劫	常在靈鷲山	及餘諸住處
衆生見劫盡	大火所燒時	我此土安隱
天人常充滿	園林諸堂閣	種種寶莊嚴
寶樹多花菓	衆生所遊樂	諸天擊天鼓

을 연주하며 만다라꽃이 비 오듯 부처님과 대중들에게 내릴 것이니라.

 나의 정토는 허물어지지 않는데 중생들은 불에 타고 부서져 근심과 두려움과 모든 고통과 괴로움들이 가득하다고 보느니라. 이같이 죄가 많은 중생들은 악을 지은 인연으로 아승지 겁이 지나도 삼보의 이름을 듣지 못하지만, 공덕을 닦아서 부드럽고 온화하며

常作衆伎樂
我淨土不毀
如是悉充滿
過阿僧祇劫
柔和質直者

雨曼陀羅花
而衆見燒盡
是諸罪衆生
不聞三寶名

散佛及大衆
憂怖諸苦惱
以惡業因緣
諸有修功德

바탕이 올바른 사람들은 모두 다 내가 이곳에서 설법하는 것을 볼 수 있느니라.

　어느 때에는 대중을 위하여 부처님의 수명이 한량없다고 말하지만, 오래 되어서야 겨우 부처님을 뵈옵는 사람에게는 부처님을 만나기가 어렵다고 설하느니라. 나의 지혜의 힘은 이와 같아 지혜의 빛으로 한량없이 비추느니라. 수명이 한량없는 겁인 것은 오래

則皆見我身　　在此而說法　　或時爲此衆
說佛壽無量　　久乃見佛者　　爲說佛難値
我智力如是　　慧光照無量　　壽命無數劫

닦은 업으로 얻은 것이니라.

　너희들은 지혜가 있으므로 여기에 대하여 의심하지 말고 마땅히 의심을 끊어서 영원히 없어지게 하여라.

　의사가 좋은 방편으로 정신을 잃어버린 자식들을 치료하기 위하여 실제로는 살아 있으면서도 죽었다고 말한 것이 허망하다고 말할 수 없듯이, 나도 역시 세상의 아버지로서 고통스럽고 근심스러

久修業所得　　汝等有智者　　勿於此生疑
當斷令永盡　　佛語實不虛　　如醫善方便
爲治狂子故　　實在而言死　　無能說虛妄
我亦爲世父　　救諸苦患者

운 사람들을 구원하려고 생각이 뒤바뀐 범부들을 위하여 실제로는 있으면서 열반하였다고 말하였느니라.

항상 나를 보게 되면 교만하고 방자한 마음이 일어나 편안히 놀게 되며, 오욕에 집착하여 악도에 떨어지게 되므로 나는 항상 중생들이 도를 행하는 것과 행하지 않는 것을 알고 마땅히 제도하여야 할 바를 따라서 가지가지의 법을

爲凡夫顚倒　　實在而言滅　　以常見我故
而生憍恣心　　放逸著五欲　　墮於惡道中
我常知衆生　　行道不行道　　隨所應可度
爲說種種法

설하며 언제나 이런 생각을 하느니라.

'어떻게 하여야 중생들로 하여금 위없는 지혜에 들게 하며 빨리 부처님의 몸을 이루게 하겠는가?'라고.

제 십육 여래수량품 끝

每自作是意　　以何令衆生　　得入無上慧
速成就佛身

第十六 如來壽量品 終

제 십칠 분별공덕품

 그때 법회에서 부처님의 수명이 이와 같이 길다는 것을 듣고 한량없고 가없는 아승지의 중생들이 큰 이익을 얻었다.
 세존께서 미륵보살마하살에게 말씀하셨다.
 "아일다여! 내가 나의 수명이 이와 같이 길다는 말을 할 때에 육백팔십만억 나유타 항하사 같은

第十七 分別功德品

爾時大會 聞佛說壽命劫數 長遠如是 無量無邊 阿僧祇
衆生 得 大饒益 於時世尊 告 彌勒菩薩摩訶薩 阿逸多
我說是 如來壽命 長遠時 六百八十萬億 那由他 恒河沙

중생들이 무생법인을 얻었으며, 그보다 천 배나 되는 보살마하살들이 문지다라니문을 얻었으며, 또 한 세계의 티끌 수 같은 보살마하살들이 하고자 하는 말을 걸림없이 잘하는 재주를 얻었으며, 또한 세계의 티끌 수 같은 보살마하살들이 백천만억 한량없는 선다라니를 얻었느니라.

또 삼천대천세계의 티끌 수 같은 보살마하살들은 물러나지 않

衆生 得 無生法忍 復有千倍菩薩摩訶薩 得 聞持陀羅尼門 復有一世界 微塵數菩薩摩訶薩 得 樂說無礙辯才 復有一世界 微塵數菩薩摩訶薩 得 百千萬億 無量旋陀羅尼 復有三千大千世界 微塵數菩薩摩訶薩

는 법륜을 굴리며, 이천 중천세계의 티끌 수 같은 보살마하살들은 청정한 법륜을 굴리며, 또 소천세계의 티끌 수 같은 보살마하살들은 팔생만에 아뇩다라삼먁삼보리를 얻을 것이며, 또 네 사천하의 티끌 수 같은 보살마하살들은 사생만에 아뇩다라삼먁삼보리를 얻을 것이며, 세 사천하의 티끌 수 같은 보살마하살들은 삼생만에 아뇩다라삼먁삼보리를 얻을 것이

能轉不退法輪 復有二千中國土 微塵數菩薩摩訶薩 能轉清淨法輪 復有小千國土 微塵數菩薩摩訶薩 八生 當得 阿耨多羅三藐三菩提 復有四四天下 微塵數菩薩摩訶薩 四生 當得阿耨多羅三藐三菩提 復有三四天下 微塵數菩薩摩訶薩 三生 當得阿耨多羅三藐三菩提 復有

며, 두 사천하의 티끌 수 같은 보살마하살들은 이생만에 아뇩다라삼먁삼보리를 얻을 것이며, 또 한 사천하의 티끌 수 같은 보살마하살들은 일생만에 아뇩다라삼먁삼보리를 얻을 것이며, 또 팔세계의 티끌 수 같은 중생들은 모두다 아뇩다라삼먁삼보리의 마음을 낼 것이니라."

부처님께서 이 많은 보살마하살들이 큰 법의 이익을 얻었다고

二四天下 微塵數菩薩摩訶薩 二生 當得阿耨多羅三藐三菩提 復有一四天下 微塵數菩薩摩訶薩 一生 當得阿耨多羅三藐三菩提 復有八世界 微塵數衆生 皆發阿耨多羅三藐三菩提心 佛說 是諸菩薩摩訶薩 得 大法利時

말씀하실 때, 허공에서는 만다라꽃과 마하만다라꽃이 한량없는 백천만억 보배 나무 아래의 사자좌에 계시는 부처님들께 비 오듯이 내렸으며, 또 칠보탑 속의 사자좌에 계시는 석가모니 부처님과 열반하신 지 오래된 다보여래의 위에도 내렸으며, 일체의 대보살과 사부대중에게도 내렸다.

보드라운 전단향과 침수향들이 내려오며 허공에서 하늘 북이 저

於虛空中 雨曼陀羅華 摩訶曼陀羅華 以散無量百千萬億衆寶樹下 師子座上諸佛 幷散七寶塔中 師子座上 釋迦牟尼佛 及 久滅度 多寶如來 亦散一切諸大菩薩 及 四部衆 又雨細末栴檀 沈水香等 於虛空中 天鼓自鳴

절로 울리는데, 아름다운 소리가 깊고 멀었다. 또 천 가지나 되는 하늘 옷이 내렸으며 진주 영락과 마니주 영락과 여의주 영락 등의 가지가지 영락들이 구방에 두루 드리웠으며, 가지가지 보배 향로에는 값도 모를 향이 피어올라 두루 퍼지며 법회를 공양하였다.

부처님들마다 보살들이 깃발과 일산을 들고 있다가 차례대로 위로 올라 범천에 이르더니, 이 많은

妙聲深遠 又雨千種天衣 垂諸瓔珞 眞珠瓔珞 摩尼珠瓔珞 如意珠瓔珞 遍於九方 衆寶香爐 燒無價香 自然周至 供養大會 一一佛上 有諸菩薩 執持幡蓋 次第而上 至于梵天

보살들이 미묘한 음성으로 한량없는 게송을 노래하여 부처님들을 찬탄하였다. 이때 미륵보살이 자리에서 일어나 오른쪽 어깨를 드러내고 부처님을 향하여 합장하고 게송으로 말하였다.

부처님께서 설하신 희유한 법은 예전에 듣지 못하던 것입니다. 세존께서는 크나큰 힘이 있으시고 수명은 헤아릴 수가 없습니다.

是諸菩薩 以妙音聲 歌無量頌 讚歎諸佛
爾時 彌勒菩薩 從座而起 偏袒右肩 合掌向佛 而說偈言

佛說希有法　　昔所未曾聞　　世尊有大力
壽命不可量

수없는 불자들이 세존께서 분별하신 것을 듣고 법의 이익을 얻었으며 기쁨이 온 몸에 가득합니다.

어떤 이는 물러나지 않는 경지에 머무르며 어떤 이는 다라니를 얻었으며, 어떤 이는 걸림이 없이 말 잘하는 재주를 얻었으며 만억의 선다라니를 얻었습니다.

또 대천세계의 티끌 수 같은 보살들이 모두다 물러나지 않는 법륜을 굴리며, 중천세계의 티끌 수

無數諸佛子　聞世尊分別　說得法利者
歡喜充遍身　或住不退地　或得陀羅尼
或無礙樂說　萬億旋總持　或有大千界
微塵數菩薩　各各皆能轉　不退之法輪
復有中千界　微塵數菩薩　各各皆能轉

같은 보살들이 모두다 청정한 법륜을 굴리며, 소천세계의 티끌 수 같은 보살들이 각각 팔 생만에 성불할 것이며, 또 넷, 셋, 둘의 사천하의 티끌 수 같은 보살들이 남아 있는 생의 수에 따라 성불할 것이며, 한 사천하의 티끌 수 같은 보살들은 일생만에 일체지를 이룰 것이라 하셨습니다.

이와 같이 중생들은 부처님의 수명이 매우 긴 것을 듣고 한량없

淸淨之法輪
餘各八生在
如此四天下
或一四天下
當成一切智

復有小千界
當得成佛道
微塵諸菩薩
微塵數菩薩
如是等衆生

微塵數菩薩
復有四三二
隨數生成佛
餘有一生在
聞佛壽長遠

고 번뇌가 없는 청정한 과보를 얻
었으며, 팔세계의 티끌 수 같은 중
생들은 부처님께서 말씀하신 수
명을 듣고서 모두다 위없는 마음
을 내었습니다. 세존께서 한량없
고 불가사의한 법을 설하시어 이
익을 받은 이들이 허공과 같이 끝
이 없습니다.

　하늘에서는 만다라꽃과 마하만
다라꽃이 비 오듯이 내리고 항하
의 모래 수 같은 제석천왕과 범천

得無量無漏
微塵數衆生
世尊說無量
如虛空無邊
釋梵如恒沙

淸淨之果報
聞佛說壽命
不可思議法
雨天曼陀羅
無數佛土來

復有八世界
皆發無上心
多有所饒益
摩訶曼陀羅
雨栴檀沈水

왕들이 수없는 부처님의 나라로 와서 전단향과 침수향을 비 오듯이 뿌리니, 새가 허공에서 날아내리는 듯이 어지럽게 떨어집니다.

　이렇게 부처님께 공양을 하니 하늘 북이 허공에서 저절로 아름다운 소리를 내고, 천만 가지의 하늘 옷이 빙글빙글 돌며 내려오며 보배로 만든 좋은 향로마다 값도 모를 향이 피어올라 저절로 두루 퍼지며 부처님들을 공양합니다.

繽紛而亂墜　如鳥飛空下　供散於諸佛
天鼓虛空中　自然出妙聲　天衣千萬種
旋轉而來下　衆寶妙香爐　燒無價之香
自然悉周遍　供養諸世尊

훌륭하신 대 보살들이 만억 가
지나 되는 칠보 깃발과 일산을 들
고 차례대로 범천에 오르며, 한 분
한 분의 부처님들 앞에는 보배로
된 당간에 부처님의 위덕을 상징
하는 깃발이 걸려 있는데 천만의
게송으로 여래들을 찬탄하는 노
래를 부릅니다. 이와 같은 가지가
지 일들이 예전에는 없었던 일입
니다.

　　부처님의 수명이 한량없음을

其大菩薩衆　執七寶幡蓋　高妙萬億種
次第至梵天　一一諸佛前　寶幢懸勝幡
亦以千萬偈　歌詠諸如來　如是種種事
昔所未曾有　聞佛壽無量

듣고 일체가 모두 기뻐합니다. 부처님의 이름이 시방 세계에 들려 널리 중생들을 이익 되게 하셨으며, 일체의 선근을 모두 갖추어 깨달음을 구하는 마음을 도우셨습니다.

그때 부처님께서 미륵보살마하살에게 말씀하였다.

"아일다여, 만일에 어떤 중생이 부처님의 수명이 이와 같이 길

一切皆歡喜　　佛名聞十方　　廣饒益衆生
一切具善根　　以助無上心

爾時 佛告 彌勒菩薩摩訶薩 阿逸多 其有衆生 聞佛壽命 長遠如是

고도 먼 것을 듣고 한 번만이라도 믿고 이해하는 마음을 내면 얻는 공덕이 한량없느니라.

만약 선남자 선여인이 아뇩다라삼먁삼보리를 위하여 팔십만억 나유타 겁 동안 반야바라밀을 제외한 다섯 바라밀인 보시바라밀과 지계바라밀과 인욕바라밀과 정진바라밀과 선정바라밀을 행하더라도 이 공덕은 앞의 공덕에 백분, 천분, 백천만억 분의 일에도

乃至能生一念信解 所得功德 無有限量 若有善男子 善女人 爲阿耨多羅三藐三菩提故 於八十萬億 那由他劫 行 五波羅蜜 檀波羅蜜 尸羅波羅蜜 羼提波羅蜜 毘梨耶波羅蜜 禪波羅蜜 除般若波羅蜜 以是功德 比前功德 百分千分 百千萬億分

미치지 못하며 숫자로나 비유로도 알 수가 없느니라.

만약 선남자 선여인이 이와 같은 공덕이 있으면 아뇩다라삼먁삼보리에서 물러나는 그러한 경우는 없을 것이니라."

세존께서 이 뜻을 거듭 펴시려고 게송으로 말씀하셨다.

만일 어떤 사람이 부처님의 지혜를 구하기 위해 팔십만억 나유

不及其一 乃至算數譬喩 所不能知 若 善男子 善女人 有 如是功德 於 阿耨多羅三藐三菩提 退者 無有是處
爾時世尊 欲重宣此義 而說偈言

若人求佛慧　　於八十萬億

타 겁 동안 다섯 바라밀을 행하는데 이 세월동안 부처님과 연각의 제자들과 보살 대중들에게 보시하고 공양하였느니라. 뛰어나게 맛있는 음식과 좋은 옷과 눕거나 쉴 때 쓰는 물건과 전단향나무로 절을 짓고 숲과 동산으로 장엄한 정사를 보시하고 공양하며, 이와 같이 가지가지 미묘한 것으로 이 세월이 다하도록 보시하고 불도에 회향하느니라.

那由他劫數
布施供養佛
珍異之飮食
以園林莊嚴
盡此諸劫數

行五波羅蜜
及緣覺弟子
上服與臥具
如是等布施
以廻向佛道

於是諸劫中
幷諸菩薩衆
栴檀立精舍
種種皆微妙

또 계를 잘 지녀서 마음이 깨끗하며 조그마한 잘못도 없이 위없는 도를 구하므로 부처님들의 찬탄을 받으며, 인욕을 행하여 마음이 부드럽고 조화로운 경지에 머무르며, 설령 악의 무리가 와서 괴롭혀도 그 마음이 기울거나 흔들리지 않느니라. 법을 얻었다 하며 교만하고 잘난 체하는 사람들이 가볍게 여기거나 괴롭혀도 이와 같은 것들을 잘 참아내느니라.

若復持禁戒　清淨無缺漏　求於無上道
諸佛之所歎　若復行忍辱　住於調柔地
設衆惡來加　其心不傾動　諸有得法者
懷於增上慢　爲此所輕惱　如是亦能忍

또 부지런히 정진하여 뜻과 생각이 항상 굳고 단단하여 한량없는 억 겁 동안 한결같은 마음으로 게을리하거나 쉬지 않으며, 또 헤아릴 수 없는 겁 동안 한적한 곳에 머무르며 앉거나 가벼이 거닐면서 자지도 않고 항상 마음을 다스린 이런 인연으로 선정들이 생기어서 팔십억 겁을 편안히 머무르며 마음이 어지럽지 않으리라.

이와 같이 한결같은 마음을 지

若復勤精進
一心不懈息
若坐若經行
能生諸禪定
持此一心福

志念常堅固
又於無數劫
除睡常攝心
八十億萬劫

於無量億劫
住於空閑處
以是因緣故
安住心不亂

닌 복으로 위없는 도 구하기를 원하며 나의 일체지를 얻고 모든 선정의 극치를 다 하리라. 이런 사람이 백천만억 겁 동안 이 모든 공덕을 앞서 말한 것과 같이 행하더라도, 선남자 선여인들이 내가 말한 수명을 듣고 한 번만이라도 믿는 마음을 내면 그 복이 앞의 복보다 더 많으니라.

　만약 어떤 사람이 일체의 의심과 후회도 없이 잠깐만이라도 마

願求無上道　　我得一切智　　盡諸禪定際
是人於百千　　萬億劫數中　　行此諸功德
如上之所說　　有善男女等　　聞我說壽命
乃至一念信　　其福過於彼　　若人悉無有
一切諸疑悔

음 깊이 믿으면 그 복도 이와 같을 것이니라. 만일 보살들이 한량없는 겁 동안 도를 행하며, 나의 수명이 길다는 말을 듣고 바로 믿고 받아들이면, 이런 사람들은 이 경전을 최고로 받아들이고 '나도 미래에는 영원한 수명을 가지고 중생들을 제도하며, 오늘의 세존이 석씨들의 왕으로서 도량에서 사자후로 무서울 것 없이 설법하시는 것처럼, 미래의 세상에서 일체

深心須臾信　　其福爲如此　　其有諸菩薩
無量劫行道　　聞我說壽命　　是則能信受
如是諸人等　　頂受此經典　　願我於未來
長壽度衆生　　如今日世尊　　諸釋中之王
道場師子吼　　說法無所畏　　我等未來世

의 존경을 받으며 도량에 앉아 수명을 설할 때는 이와 같이 하리라.'고 원할 것이니라.

만약 마음이 깊은 사람이 청정하며 바탕이 정직하여, 많이 듣고 일체를 지니면 부처님의 말씀을 뜻대로 이해하는데, 이와 같은 사람들은 이제껏 말한 것에 대하여 의심이 있을 수 없을 것이니라.

"또 아일다여, 만약에 부처님

一切所尊敬　　坐於道場時　　說壽亦如是
若有深心者　　淸淨而質直　　多聞能總持
隨義解佛語　　如是諸人等　　於此無有疑

又 阿逸多 若有聞佛

의 수명이 길고도 멀다는 것을 듣고 그 말뜻을 이해하면, 이런 사람이 얻는 공덕은 한량없어서 능히 여래의 위없는 지혜를 일으키는데, 하물며 이 경을 많이 듣거나 남을 시켜 듣게 하거나, 스스로 지니거나 남을 시켜 지니게 하거나, 스스로 쓰거나 남을 시켜 쓰게 하거나, 꽃과 향과 영락과 깃발과 비단 가리개와 향유와 등불로써 이 경전에 공양을 하는 것이야 말할

壽命長遠 解其言趣 是人所得功德 無有限量 能起如來無上之慧 何況廣聞是經 若教人聞 若自持 若教人持 若自書 若教人書 若以華香瓔珞 幢幡繒蓋 香油蘇燈 供養經卷 是人功德

것이 있겠느냐! 이런 사람의 공덕은 한량없고 가없어서 능히 일체종지가 생기느니라.

아일다여! 만일 선남자, 선여인이 나의 수명이 멀고도 길다는 말을 듣고 마음깊이 믿고 이해하면, 곧 부처님께서 항상 기사굴산에 계시면서 큰 보살과 함께 성문대중들에게 둘러싸여 설법하시는 것을 보게 될 것이니라.

또 이 사바세계의 땅이 유리로

無量無邊 能生一切種智 阿逸多 若 善男子 善女人 聞我說 壽命長遠 深心信解 則爲見佛 常在耆闍崛山 共大菩薩 諸 聲聞衆 圍繞說法 又見此 娑婆世界 其地瑠璃

되어 있고 넓고 반듯하고 평평하며, 염부단금으로 여덟 갈래 길의 경계를 삼고, 보배 나무가 줄지어 서 있고 모든 것을 볼 수 있는 전망대와 누각들이 모두 보배로 이루어져 있는 것과 보살들이 다 함께 그 속에 있는 것을 보게 될 것이니라.

만약 이와 같은 것을 볼 수 있는 사람이 있다면 마땅히 알아라. 이것을 깊이 믿고 이해하는 모습이

坦然平正 閻浮檀金 以界八道 寶樹行列 諸臺樓觀 皆悉寶成 其 菩薩衆 咸處其中 若有能 如是觀者 當知是爲 深信解相

라 하느니라.

　또 여래가 열반한 후 이 경을 듣고 헐뜯거나 비방하지 않고 따라 기뻐하는 마음을 낸다면 마땅히 알아라. 이미 깊게 믿고 이해한 모습이라 하는데, 하물며 읽고 외우고 받아 지니는 자야 말할 것이 있겠느냐?

　이 사람은 곧 여래를 머리 위에 이고 받드는 것이 되느니라.

　아일다야! 이와 같은 선남자 선

又復如來滅後 若聞是經 而不毀訾 起隨喜心 當知已爲 深信解相 何況讀誦受持之者 斯人 則爲頂戴如來 阿逸多 是 善男子

여인은 나를 위하여 탑이나 절을 세우는 일과 승방을 짓고 네 가지 일로 승가들에게 공양할 필요가 없느니라. 왜냐하면 이런 선남자 선여인은 이 경전을 받아 지니고 읽고 외운 것으로 이미 탑을 세운 것이 되고 승방을 지은 것이 되며, 승가들에게 공양한 것이 되기 때문이니라.

부처님의 사리로 칠보탑을 세우는데, 높을수록 넓이가 점점 작

善女人 不須爲我 復起塔寺 及作僧坊 以四事 供養衆僧 所以者何 是 善男子 善女人 受持讀誦 是經典者 爲已 起塔 造立僧坊 供養衆僧 則爲以 佛舍利 起 七寶塔 高廣漸小

아져서 범천에까지 다다르며, 깃발과 일산과 보배 방울들이 매달렸는데, 꽃과 향과 영락과 가루향, 바르는 향, 사르는 향을 뿌리며 가지가지 북과 음악과 퉁소와 피리와 공후를 불고, 여러 가지 춤과 아름다운 소리로 노래를 부르며 찬송하는 것이 되며, 한량없는 천만억 겁 동안 이런 공양을 이미 한 것이 되느니라.

아일다야! 만약 내가 열반한 후

至于梵天 懸諸幡蓋 及 衆寶鈴 華香瓔珞 抹香 塗香 燒香 衆鼓伎樂 簫笛箜篌 種種舞戲 以妙音聲 歌唄讚頌 則爲於 無量千萬億劫 作是供養已 阿逸多 若我滅後

에 이 경전을 듣고 받아 지니며 직접 쓰거나 남을 시켜 쓰게 하면, 곧 승방을 세우는 것이 되느니라. 붉은 전단으로 서른 두 칸의 전당을 짓는데, 높이가 팔다라수나 되고 높고 넓으며 훌륭하게 꾸며져서 백천의 비구가 그 속에 지내며, 동산과 숲과 못과 가벼이 거닐 곳과 참선하는 굴과 의복과 음식과 평상과 침구와 탕약과 일체의 필수품이 그 속에 가득한 이와 같은

聞是經典 有能受持 若自書 若敎人書 則爲起立僧坊 以赤栴檀 作諸殿堂 三十有二 高 八多羅樹 高廣嚴好 百千比丘 於其中止 園林浴池 經行禪窟 衣服飮食 床褥湯藥 一切樂具充滿其中

승방과 전당과 누각이 백천만억이라 그 수를 헤아릴 수가 없는데, 이것으로 현재의 나와 비구승들에게 공양하는 것이 되느니라.

그러므로 내가 말하기를 '여래가 열반한 후에 받아 지니고 읽고 외우며, 남을 위해 설하며 스스로 쓰거나 남을 시켜 쓰게 하여 경전에 공양을 하면 또 다시 탑과 절을 세우거나 승방을 만들어 승가들에게 공양할 필요가 없다.'고 한

如是僧坊 堂閣 若干 百千萬億 其數無量 以此現前 供養於我 及 比丘僧 是故 我說如來滅後 若有受持讀誦 爲 他人說 若自書 若教人書 供養經卷 不須復起塔寺 及造僧坊 供養衆僧 況復有人

것인데, 하물며 이 경전을 잘 지닐 뿐 아니라 보시와 지계와 인욕과 정진과 선정과 지혜를 행하면 그 공덕은 가장 뛰어나며 한량없고 끝이 없느니라.

비유하면, 허공이 동서남북과 사유와 상하가 한량없고 끝이 없듯이, 이 사람의 공덕도 역시 이와 같이 한량없고 가없어서 일체종지에 빨리 이르게 되느니라.

만약 어떤 사람이 이 경을 읽고

能持是經 兼行布施持戒 忍辱精進 一心智慧 其德 最勝 無量無邊 譬如虛空 東西南北 四維上下 無量無邊 是人 功德 亦復如是 無量無邊 疾至一切種智 若人

외우며 받아 지니고 다른 사람을 위하여 설하며 스스로 쓰거나 남을 시켜 쓰게 하고, 또 탑을 세우거나 승방을 지으며, 성문과 승가에게 공양하고 찬탄하며, 백천만억 가지의 찬탄하는 법으로 보살의 공덕을 찬탄하며, 다른 사람을 위하여 가지가지 인연으로 이 법화경을 뜻에 따라 잘 해설할 뿐만 아니라 계를 청정하게 지니며, 부드럽고 온화한 자와 같이 지내며,

讀誦受持是經 爲 他人說 若自書 若敎人書 復能起塔 及造僧坊 供養讚歎 聲聞衆僧 亦以百千萬億 讚歎之法 讚歎 菩薩功德 又爲他人 種種因緣 隨義解說此 法華經 復能淸淨持戒 與 柔和者 而共同止

인욕을 잘하여 성을 내지 않으며, 뜻과 생각이 견고하며 항상 좌선을 귀하게 여기어 여러 가지 깊은 선정을 얻으며, 용맹정진하여 여러 가지 좋은 법을 거두어 들이면 뛰어난 근기와 지혜로 어려운 물음에 잘 대답할 수 있으리라.

아일다여! 내가 열반한 후 선남자 선여인들로서 이 경전을 받아 지니고 읽고 외우는 사람은 이와 같이 좋은 공덕들이 있을 것이니

忍辱無瞋 志念 堅固 常貴坐禪 得諸深定 精進勇猛 攝諸善法 利根智慧 善答問難 阿逸多 若我滅後 諸 善男子 善女人 受持讀誦是經典者 復有如是 諸善功德

마땅히 알아라. 이 사람은 이미 도량에 나아가 아뇩다라삼먁삼보리에 가까워졌으며, 도의 나무 아래에 앉은 것이 되느니라.

아일다여! 이런 선남자 선여인들이 앉거나 서거나 거닐던 이런 곳에는 마땅히 탑을 세워 일체의 하늘과 사람들이 모두다 부처님의 탑과 같이 공양하도록 하여라."

세존께서 이 뜻을 거듭 펴시려

當知是人 已趣道場 近阿耨多羅三藐三菩提 坐道樹下
阿逸多 是善男子善女人 若坐若立若行處 此中 便應起
塔 一切天人 皆應供養 如佛之塔
爾時世尊 欲重宣此義 而說偈言

고 게송으로 말씀하셨다.

　내가 열반한 후에 이 경을 받들어 지니면, 그 사람의 복이 한량없음은 위에서 말한 것과 같으리라. 이것은 곧 일체의 모든 것을 충분히 갖추어 공양하는 것이 되느니라. 사리로써 탑을 세우고 칠보로 장엄한 것이니라. 깃발을 다는 장대는 매우 높고 넓은데 점점 작아져 범천에까지 다다르며, 천만억

若我滅度後　能奉持此經　斯人福無量
如上之所說　是則爲具足　一切諸供養
以舍利起塔　七寶而莊嚴　表刹甚高廣
漸小至梵天

의 보배 방울이 바람에 흔들려 묘한 소리를 내며, 또 한량없는 겁 동안 이 탑에 꽃과 향과 영락과 하늘 옷과 가지가지 음악으로 공양하며, 향유로 등을 켜서 시방을 항상 밝게 비추는 것이 되느니라.

악한 세상 말법의 시대에 이 경을 받아 지니는 자는 이미 위에서 말한 바와 같이 모든 것을 갖추어서 공양하는 것이 되느니라. 만약 이 경을 받아 지니면 곧 부처님께

寶鈴千萬億　風動出妙音　又於無量劫
而供養此塔　華香諸瓔珞　天衣衆伎樂
燃香油酥燈　周匝常照明　惡世法末時
能持是經者　則爲已如上　具足諸供養
若能持此經

서 계실 적에 우두전단향나무로 승방을 지어 공양하는 것이 되는데, 그 승방은 삼십이칸의 전당이 있고 높이가 팔다라수나 되며, 좋은 음식과 훌륭한 옷과 평상과 침구들이 모두다 갖추어져 있어 백천의 중생이 항상 머무를 수 있으며, 동산과 숲과 연못과 거닐 곳과 참선하는 굴과 가지가지가 모두 훌륭하게 꾸며져 있느니라.

만약 믿고 이해하는 마음으로

則如佛現在 　以牛頭栴檀 　起僧坊供養
堂有三十二 　高八多羅樹 　上饌妙衣服
床臥皆具足 　百千衆住處 　園林諸浴池
經行及禪窟 　種種皆嚴好 　若有信解心

받아 지니고 읽고 외우며 쓰거나, 또 사람을 시켜 쓰게 하거나, 경전에 꽃과 향과 가루 향으로 공양을 하거나, 수만과 첨복과 아제목다가의 기름으로 항상 불을 밝히는 이와 같은 공양을 하면, 이런 사람들도 한량없는 공덕을 얻느니라.

　허공이 끝이 없는 것처럼 그 복도 이와 같은데, 하물며 이 경을 지니면서 보시와 지계와 인욕을 하며 선정을 즐기어 성내는 일이

受持讀誦書　若復敎人書　及供養經卷
散華香抹香　以須曼瞻蔔　阿提目多伽
薰油常燃之　如是供養者　得無量功德
如虛空無邊　其福亦如是　況復持此經
兼布施持戒　忍辱樂禪定

없고, 악한 말을 하지 않으며 탑묘에 공경하며 비구들에게 겸손하며, 스스로 높이는 마음을 멀리하고 항상 지혜를 생각하며, 어려운 것을 물어도 성내지 아니하며 순리대로 풀어서 해설하여 주는 것이야 말할 것이 있겠느냐! 만약 이런 행을 닦는다면 공덕은 한량이 없느니라.

　이와 같은 덕을 성취한 이런 법사를 보게 되면 하늘 꽃을 뿌리고

不瞋不惡口
遠離自高心
隨順爲解說
若見此法師

恭敬於塔廟
常思惟智慧
若能行是行
成就如是德

謙下諸比丘
有問難不瞋
功德不可量
應以天華散

하늘 옷을 그 몸에 입히고, 머리와 얼굴을 발에 대고 예배하며 부처님이라는 마음을 내어야 하며, 오래지 않아 도량의 보리수 아래서 무루의 법과 무위의 법을 얻어 천상과 인간들에게 널리 이익을 줄 것이라고 생각하여야 하느니라.

 그가 머무르며 가벼이 거닐거나 앉거나 눕거나 한 게송이라도 설한 곳이면, 이곳에다가 탑을 세우고 훌륭하게 장엄하고 가지가

天衣覆其身	頭面接足禮	生心如佛想
又應作是念	不久詣道樹	得無漏無爲
廣利諸人天	其所住止處	經行若坐臥
乃至說一偈	是中應起塔	莊嚴令妙好

지로 공양하여라.

 불자가 머무른 이런 곳은 부처님께서 받아 쓰신 불국토이므로 항상 그 곳에 머무르며 가볍게 거닐거나 앉거나 누울 것이니라.

제 십칠 분별공덕품 끝
묘법연화경 권 제오 끝

種種以供養　　佛子住此地　　則是佛受用
常在於其中　　經行及坐臥

第十七 分別功德品 終
妙法蓮華經 卷第五 終

사경회향문

사경제자 _____ 합장

사경마침 _____ 년 _____ 월 _____ 일

편저자
無一 우학 큰스님

불기 2544년(서기 2000년), 경주 연대산(蓮台山) 산문(山門)을 열고, 선관쌍수(禪觀雙修)로써 선법(禪法)을 펴고 있습니다.

불보사찰 통도사 출가
성파 대종사를 은사로 득도(得度)
대학, 선방, 강원, 토굴 등 제방에서 면학, 수행
성우 대종사로부터 비니정맥 전수
출가 상좌(스님) 60여명, 마을(유발)상좌 3천여 명.
무문관 12년 째 정진 중

포교대상 종정상 대상(대한불교조계종)
대원상 대상(재단법인 불교진흥원)
대한민국찬불가요 대상

한국불교대학 大관음사 창건
국내외 십여 군데 도량 설립(미국, 중국 등)
무일선원 무문관 창건(스님 및 신도 수행처)

사회복지 법인 無一복지재단 설립
　요양원, 노인센터, 지역아동센터, 공동생활가정, 기억
　학교, 치매주간보호센터
참좋은어린이집, 참좋은유치원 설립
도서출판 좋은인연 설립
학교법인 無一학원 설립(참좋은이서중·고등학교)
사단법인 NGO B.U.D 설립
의료법인 無一의료재단 설립(참좋은 요양병원)
K-붓다 빌리지 (B.U.D 山海세계명상센터) 설립

300여 권의 저술
저거는 맨날 고기 묵고, 새로운 불교공부, 완벽한 참선법, 참좋은 생각(컬처북스), 하루 한 가지 마음공부법(조화로운삶), 부처되는 공부(뜰), 무문관강론, 지혜로운 삶(신심명강설), 아~부처님, 백팔대참회문 법문(전3권), 無門(전2권), 無一우학 禪敎法藏, 無一우학 法門, 생활 속의 법화경(전2권), 무일설법대전, 33관세음보살님 가피, 비유디 법요집 등

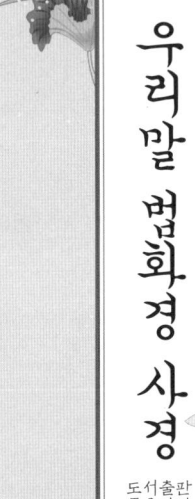

우리말 법화경 사경
도서출판 좋은인연

묘법연화경 권 제오

재판1쇄 2024.07.10

편저자 無一 우학 큰스님

펴낸곳 도서출판 좋은인연(한국불교대학 부속출판사)
　　　　 등록 / 제4-88호
　　　　 주소 / 대구 남구 중앙대로 126
　　　　 전화 / 053-475-3707

가격 978-89-93040-59-3　7,000원
　　　 978-89-93040-54-8(set)

대한불교조계종 한국불교대학 大관음사
홈페이지 / **한국불교대학**
다음카페 / **불교인드라망**
유튜브　 / **유튜브불교대학**
　　　　　비유디 불교TV
　　　　　영어채널 **K-Buddha village**
　　　　　(부처님마을)
　　　　　중국어채널 **K-佛陀**(부처님마음)

법보시 받습니다. 보시하신 책은 군법당, 교도소 등에 무료 배포됩니다.(053-475-3707)